LE PUBLIC

ET

LES COMPAGNIES

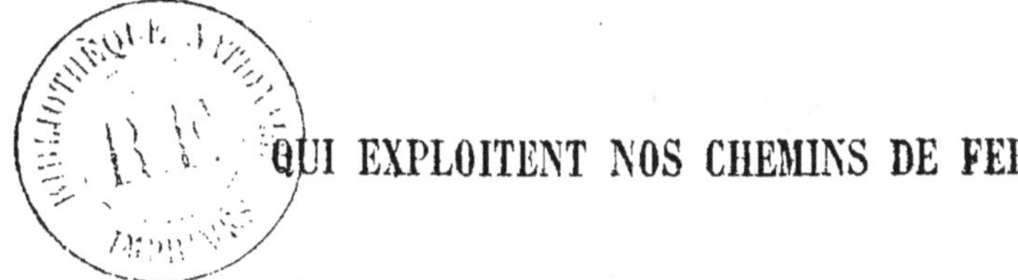

QUI EXPLOITENT NOS CHEMINS DE FER

EN PRÉSENCE DU RÉGIME LIBÉRAL DE LA FRANCE

CLERMONT-FERRAND

IMPRIMERIE & LIBRAIRIE ARMAND PESTEL

14, Rue de la Treille, 14

—

1871

MEMBRES COMPOSANT LE BUREAU

DU CONSEIL DE DIRECTION DU SYNDICAT DU COMMERCE

ET DE L'INDUSTRIE

En Matière de Transports

MM. Gd. Lévy, C. ✻ ancien Maire du 11ᵉ Arrondissement, Président du Comité central des Chambres syndicales de Paris, négociant en bois, etc. — *Président.*

Carlhian, O. ✻ Membre de la Chambre de Commerce de Paris, Président de la Chambre syndicale des Tissus.

Havard. Président de la Chambre syndicales des Papetiers.

Dreyfus, ✻ Membre du Conseil des Ardennes, maître des forges à Ars sur Moselle. — *Vices-Présidents.*

Célerier aîné, Président de la Commission des Vins.

Pelletier, Vice-Consul de la République de Honduras, Directeur de la Compagnie française des Chocolats et Thés.

Barbe fils, maître des forges à Liverdun, membre de la Chambre de Commerce de Nancy. — *Secrétaires.*

Riittre, ancien Manufacturier. — *Administrateur délégué.*

A MESSIEURS LES MEMBRES

COMPOSANT LE CONSEIL DE DIRECTION DU SYNDICAT DU COMMERCE

ET DE L'INDUSTRIE

En Matière de Transports

MESSIEURS,

Le système mixte que la loi de 1842 a organisé pour la construction et l'exploitation de nos lignes ferrées, a été suivi de sacrifices et de compromissions considérables de la part de l'Etat et du public; la confusion s'est faite dans les principes, dans les droits, et les Compagnies avec un capital relativement très-faible, ont pu établir en cette grave question, l'arbitraire le plus absolu.

Vous n'avez pas craint d'organiser, par l'association collective du commerce et de l'industrie, les moyens de réagir contre ces funestes abus, dans un temps où l'on pouvait croire que c'était imprudent de le faire.

Aujourd'hui, les forces sont égales en présence d'un Gouvernement libéral, qui doit avoir la volonté d'aborder résolûment, sans préoccupation de parti, toutes les questions économiques de notre époque, parmi lesquelles il n'en est pas qui intéresse à un plus haut degré la propriété publique que celle du transport.

En ces circonstances, rappelons nous qu'en économie comme en politique, la vérité ne triomphe des fausses doctrines et des abus *que par des luttes incessantes, qu'il faut plutôt exagérer les moyens de résistance que de les affaiblir et être plus préoccupé, non de ce qui peut se dire, que de ce qu'il y a à faire.*

Vous approuverez donc, Messieurs, le nouveau travail que je présente dans le but d'élargir la question et de rallier à l'entour de nous, dans ce moment décisif, tous ceux qui ont affaire aux chemins de fer, c'est-à-dire toute la France.

L'Administrateur délégué du syndicat,

RIITTRE.

LE PUBLIC

ET

LES COMPAGNIES

QUI EXPLOITENT NOS CHEMINS DE FER

EN PRÉSENCE DU RÉGIME LIBÉRAL DE LA FRANCE

———

§ 1ᵉʳ

La guerre nous a infligé les épreuves les plus cruelles; mais un peuple qui est riche par son industrie, son commerce et son agriculture, ne cesse pas d'être riche, s'il ne cesse pas de produire.

Ces éclatants revers que nous n'avons pu prévoir ni empêcher, ont du moins retrempé notre énergie et ont montré que si l'on a pu dépraver nos mœurs, on n'en a pas du moins altéré le fonds et surtout qu'on n'a pas altéré notre courage.

Le budjet des dépenses générales sous le gouvernement déchu a dépassé trois milliards, en y comprenant celles des communes, des départements et des octrois; une administration libérale, à laquelle tout le pays participera, les diminuera de plus de moitié, tout en donnant plus d'élan et plus de sincérité à toutes les questions économiques de notre époque, afin de fermer les blessures de la guerre et de développer par les travaux de la paix, les forces vives de la nation.

Un des agents de la fortune publique, le plus puissant peut-être, est représenté par les chemins de fer.

Les lignes qui les constituent n'ont chez nous aucune concurrence; on en a concédé pour 99 ans, aux Compagnies qui les exploitent, à la fois, le péage qui est la route elle-même et l'exploitation qui seule est une industrie.

N'allez pas croire cependant, que ces Compagnies ont construit ces chemins avec leurs ressources personnelles; qu'elles y ont compromis des sommes considérables, une responsabilité indéfinie; non, rien de tout cela n'a eu lieu; les hommes qui se sont mis à leur tête ont formé des sociétés anonymes et de combinaisons en combinaisons financières, sont arrivés à faire tout supporter par l'Etat et par le public, en se remboursant par des dividendes qui n'existaient pas en réalité, du faible capital qui avait été engagé sous le titre d'action.

Les chemins de fer doivent être considérés à un double point de vue économique; non-seulement, ils doivent réaliser les meilleures conditions possibles de transports, mais leurs prix doivent être tels qu'ils nous mettent à même de rivaliser de bon marché avec les produits de nos voisins; si ce double but n'est pas atteint, le monopole n'est plus qu'une violation directe du progrès et des droits de la nation.

Toutes les règles générales du contrat de transports sur les relations qui se forment entre le voiturier d'une part et l'expéditeur et le destinataire d'autre part, sont demeurées la loi des Compagnies : *mais des règles particulières et qui leur sont propre, ont été inscrites dans un cahier des charges et dans l'ordonnance du 15 novembre 1846, qui sont devenus la charte des parties.*

Les Compagnies ont constitué pour leurs services des administrations fortement organisées; elles se sont de plus coalisées entr'elles, à l'aide d'un syndicat, pour se défendre à frais communs, sur les questions de principe qu'on pourrait soulever.

Au contraire, le public à qui les documents que nous venons de citer, n'avaient accordé que des droits très limités et dont l'exercice a d'ailleurs été rendu en quelque sorte impossible par lés procédés de leurs puissants adversaires, *a négligé de former aucun point de ralliement, aucune résistance sérieusement organisée ; il est resté dans l'isolement le plus complet, exposé à tous leurs coups.*

Et *dès lors, l'administration supérieure n'a plus eu qu'à légaliser, sans aucune contradiction, on peut dire par défaut, toutes les propositions des Compagnies.*

Les abus les plus excessifs et sur le fonds du droit et dans l'exploitation, ont été la conséquence de cet état de choses : des plaintes des quatre points cardinaux de la France, ont amené les enquêtes de 1850, 1863 et en dernier lieu, celle de 1870 ; ces enquêtes n'ont donné aucune satisfaction.

Vers les derniers temps de 1869, sur l'initiative du comité central des chambres syndicales de Paris, des négociants et des industriels de toutes les parties de la France, recommandables par leurs noms et par leur fortunes, ont enfin réalisé l'action collective de tous contre les Compagnies, par une société sous le titre de « *Syndicat du commerce et de l'industrie, en matière de* « *transports.* »

L'administration supérieure comprenant à son tour, combien il était injuste et déloyal d'avoir écarté du débat la partie la plus intéressée à contrôler les actes qu'elle subit, *à légalisé l'existence de la société en ordonnant au mois de juillet dernier, que toutes les propositions que les Compagnies feraient à l'avenir, fussent au préalable, communiquées au syndicat.*

C'est une rude tâche que d'avoir à combattre 25 ans d'abus, de fiction plus ou moins ingénieuses qui, avec le temps ont pris l'apparence du droit et de la vérité, à ce point, que lorsqu'on veut y toucher ou les discuter, le monopole excessif ne craint pas de vous opposer cet axiome étrange dans sa bouche « qu'il faut respecter les contrats. »

Le syndicat a dû procéder avec mesure, avec prudence : il a établi ses services et a étudié sérieusement les droits et les procédés des Compagnies, ainsi que les moyens de les ramener à la légalité ; il ne s'est pas passé un jour sans qu'il ait reçu par les ordres du ministre, communication de propositions nouvelles de tarifs et sans qu'il ait eu a fournir des objections sur les infractions que toutes ces propositions contiennent : les sociétaires de leur côté, commençaient à faire connaître leurs griefs, leurs préjudices et a envoyer leurs lettres de voitures pour être vérifiées ; en un mot, le syndicat allait s'affirmer dans les conditions les plus larges, lorsque les événements de la guerre ont ralenti forcément ses travaux.

Ce temps d'arrêt a été mis à profit pour achever de réunir et de mettre en ordre, tous les documents qui se rattachent à la grave question des transports.

La lutte va devenir sérieuse ; les Compagnies cesseront de

dominer sans contrôle dans les hautes régions gouvernementales ; le public qui représente l'impôt et sur lequel se sont accumulés tous les sacrifices faits au profit des Compagnies, puisera enfin des forces dans son droit, dans le régime libéral que nos malheurs publics nous ont enfin donné.

Les Compagnies se présenteront devant la nouvelle administration avec leur bagage du passé ; leurs prétentions seront les mêmes ; elles ajouteront qu'elles ont rendu de grands et utiles services pendant la guerre et qu'au lieu de les attaquer, on doit les laisser travailler au rétablissement de leurs affaires.

Mais quel est le commerçant, quel est l'industriel ; qu'elles sont donc les entreprises qui n'ont pas souffert plus ou moins de la guerre.

Ces moyens de défenses qui en sont que des considérations de circonstances, doivent être écartés ; ils appartiennent à tout le monde : ce n'est pas le commerce qui s'accomode des complications de la guerre et de la politique et le but que les Compagnies doivent poursuivre aujourd'hui, c'est bien moins de continuer une exploitation arbitraire, contraire aux principes, que de concourir au rétablissement de la fortune publique, par une gestion libérale, économe, renfermée dans les limites des principes et des règles de la justice et de l'équité.

Aujourd'hui, le syndicat a pensé que tout en reprenant les arguments que renferment ses précédentes publications contre les abus des Compagnies, il serait utile de fixer de nouveau les principes et de développer les moyens d'élargir les conditions, pratiques de l'abaissement des prix de transports.

Il ne faut pas ici se laisser détourner du but qu'on se propose, par ce fait, que les concurrences dont on menace les Compagnies, doivent être le seul véritable contre-poids à leur opposer : Les concurrences seront toujours les utiles agens du progrès ; on doit les encourager, mais non-seulement, elles ne serviront pas à combattre et à détruire les abus ; *elles porteront au contraire avec elles, la possibilité des coalitions, des fusions et des rachats.*

Le public, s'il veut conserver l'intégrité de ses droits ; s'il veut se soustraire à l'arbitraire qu'il a subi, doit étendre ses contradictions et un contrôle sévère sur tous les moyens de transports quels qu'ils soient ; car tous seront constitués à l'aide de Compagnies plus ou moins puissante qui, par leur nature, seront toujours entraînées aux excès, aux abus, en un mot, on doit opposer à tous, sans exception, un centre de résistance collective, constitué d'une manière permanente ; réunissant la tradition des faits accomplis, leur suite, ainsi que tous les documents sur la matière au fur et à mesure qu'ils se produisent.

Si les prévisions humaines ne peuvent sonder toutes les profondeurs de l'avenir, il dépend toujours de notre volonté, de nos efforts de faire triompher le droit.

§ II.

Les Compagnies de chemin de fer sont d'ordre public.

Dans une étude que le syndicat a publiée sous le titre « le public et les chemins de fer » on a déjà constaté ce que les compagnies de chemin de fer étaient à l'origine ; les changements qui ont été successivement apportés à leurs engagements primitifs et les combinaisons financières qui ont permis aux hommes qui se sont mis à leur tête, de se constituer dans des conditions aussi arbitraires que puissantes, tout en ne compromettant directement qu'un milliard et demi à l'aide d'actions souscrites par le public sur une dépense totale de passé dix milliards.

Ainsi, c'est avec cette somme d'un milliard et demi relativement très faible, en tout cas de beaucoup insufisante à l'entreprise, c'est en présence des sacrifices de toutes sortes fait à leur profit, que les compagnies se sont abandonnées à cette étrange prétention, d'être des sociétés commerciales ordinaires, ayant la faculté de prendre pour la gestion de leurs affaires, toutes les mesures qu'elles jugent utiles et nécessaires à leurs intérêts, sans avoir à subir les contradictions de ceux qui leur sont légitimement et nécessairement opposés ; c'est-à-dire de la France entière.

Mais qu'importe le chiffre des sommes que les compagnies ont fournies en présence des principes ; qu'elles soient un peu plus, un peu moins fortes, la question n'est pas là.

L'Etat a concédé le monopole le plus exhorbitant qui se puisse concevoir, comprenant non seulement l'exploitation, mais encore la route.

A ce fait considérable, il a ajouté la remise d'une majeure partie des engagements primitifs des Compagnies, il a fourni l'achat des terrains, l'exécution à ses frais, des travaux d'art et de terrassement; des subventions très-élévées en argent, et enfin, la faculté d'émettre, en grande partie, sous sa garantie, des obligations dépassant cinq fois leur capital; en un mot, il est entré dans l'opération, dans les conditions les plus larges qui se puissent imaginer.

Et l'on peut prétendre que tout ces sacrifices ont été faits uniquement pour créer dans l'état lui-même, une puissance privée, ayant à sa disposition la fortune industrielle et commerciale de la France !

Non, l'État ne pouvait pas abandonner dans ces conditions les droits de la nation : les considérations économiques et politiques les plus élevées, les plus positives, repoussent cette faculté; et la théorie contraire est une énormité qui n'a pas pu prendre racine, que sous un gouvernement où toute libre discussion était bannie et où les vérités les plus élémentaires sur ces questions, ont été sacrifiées à la spéculation,

Les Compagnies de chemins de fer, telles qu'elles ont été constituées et telles que la succession des faits l a voulu, tiennent essentiellement de l'organisation des services pulics; il n'y a ni en France, ni dans aucun état civilisé de l'Europe, l'exemple d'une constitution dans les conditions que les Compagnies le prétendent.

L'Angleterre et la Belgique ont pris nettement une position : la première, en livrant les chemins de fer à l'industrie privée; la seconde, en les réservant à l'État; le gouvernement français a imaginé par la loi de 1842, un régime qui a mêlé dans des conditions inextriquables l'intérêt public et celui des actionnaires : dans la pratique, il n'a même plus été possible de s'en tenir aux déclarations formelles de la loi

Les Compagnies, en présence de ce régime exceptionel, ne sont donc pas des sociétés commerciales ordinaires : elles sont une partie intégrante des services de l'ordre public, qu'elles ne peuvent troubler par des mesures qui leur soient propres.

Cependant, non seulement les compagnies ont méconnu ce principe, mais elles ont de plus violé arbitrairement les prescriptions imposées à leur exploitation, ainsi que toutes les règles élémentaires du droit et de la justice.

§ III.

Quelles ont été les prescriptions imposées aux Compagnies pour leur exploitation.

Pénétrons-nous, avant d'aller plus loin, des deux grands principes qui dominent dans l'institution des Compagnies de chemins de fer, et qu'on trouve inscrits à chaque instant dans le Cahier des charges, dans l'Ordonnance de 1846 et dans les documents judiciaires :

Le premier, *c'est l'égalité absolue entre tous les expéditeurs;*

Le second, qui est une conséquence du premier, *c'est la prohibition de tout traité de faveur.*

La loi du 11 juin 1842, qui a été le premier acte législatif considérable en matière de chemins de fer, dit dans son article 6 :

« Le Cahier des charges réglera la durée et les conditions de l'exploitation, ainsi que le tarif des droits à percevoir. »

L'article 42 du Cahier des charges s'explique à ce sujet en ces termes : « Pour indemniser la Compagnie des travaux et des dépenses qu'elle s'engage à faire par le présent cahier des charges et sous *la condition expresse qu'elle en remplira exactement les oblgiations*, le Gouvernement lui accorde l'autorisation de percevoir, pendant la durée de la concession, les droits de péage et les prix de transports ci-après :

1re classe (spiritueux etc.) 00,9 Péage 0,07 transport ensemble 0,16
2e   »   (graines, fer, etc.) 0,08   »   0,06   »   0,14
3e   »   (pierres, sels etc.) 0,06   »   0,04   »   0,10

» Le tout par tonne et par kilomètre. »

C'est-à-dire que le principe kilométrique comme unité de distance, a seul été adopté : la tonne a été comptée pour 1000 kilogramme.

L'article 47 complète le règlement des prix en ces termes :

« Les prix stipulés, ne sont pas applicables : 1° aux denrées et objets qui ne sont pas nomément énoncés dans le tarif, sous le volume d'un mètre cube et en général a tous paquets, colis ou excédant de bagages pesant isolément 40 kilog. et au-dessus. »

« Toutefois, les prix seront applicables à tous paquets ou colis quoi qu'emballés à part, s'ils font partie d'envois pesant ensemble 40 kilogr. d'objets pour une même personne, à une même destination. »

« Dans tous les cas, pour ces paquets ou colis, les prix de transports devront être calculés de telle manière qu'en aucun cas, un de ces paquets ou colis ne puisse payer un prix plus élevé qu'un article de même nature pesant plus de 40 kilogr. »

Nous venons de voir que le cahier des chages avait divisé tous les objets a transporter en trois classes ou séries:

Cependant, comme on pouvait avoir commis des omissions, l'article 45 de l'ordonnance stipule « que les animaux, denrées , effets et objets non désignés dans ce tarif, seront rangés pour les droits à percevoir , dans les classes avec lesquelles ils auraient le plus d'analogie, sans que jamais, sauf les exceptions formulée à l'art. 47, aucune marchandise non dénommée puisse être soumise a une taxe supérieure à celle de la première classe. »

« Que les assimiliations de classe pourront être provisoirement réglées par les compagnies; mais qu'elles seront immédiatement soumises à l'administration qui prononcera définivement. »

L'unité kilométrique telle que l'avait réglée l'art. 6 a été confirmée plus tard par l'exception qui suit :

En 1863 le gouvernement, d'accord avec les compagnies, a formé avec des prix s'abaissant à raison des distances, une quatrième série pour le transport des houilles, des marnes et des fumiers, dans les termes suivants :

De   1, à 100 kilo. 0,08 dont 0,425 pour péage, 00,0375 pour transports.
De 100, à 500 » 0,05 »   0,03   »   0,02   »
De 500, et audessus 0,04 . »   0,0225   »   00175   »

Bien qu'on doive regretter que le gouvernement ait modifié par un simple décret, une des conditions essentielles du cahier des charges qui est un document législatif, nons n'hésitons pas à reconnaître que le tarif différentiel ne s'appliquant qu'à des matières premières spéciales, pouvait réaliser des progrès importants.

On a pu remarquer que le cahier des charges n'avait stipulé que des prix maximum, afin de mettre avant tout, le public à l'abri des exigences des compagnies.

C'était l'inconnu qu'on interrogeait en ce moment ; on n'avait pu qu'emprunter ces prix à ceux qu'exigeait l'industrie des transports en usage jusqu'alors, mais comme il n'était pas possible que l'Etat fit en celà un forfait, voici en quels termes l'article 42, réserva la question probable de l'abaissement de ces prix.

« Lorsque la Compagnie voudra apporter quelque changement aux prix autorisés, elle en donnera avis au Ministre des travaux publics, aux Préfets des départements et aux Inspecteurs de l'exploitation commerciale. Le Public sera en même temps informé par des affiches des changements soumis à l'approbation du Ministre; à l'expiration du mois, à partir de la date de l'affiche, lesdites taxes pourront être perçues si dans cet intervalle le Ministre les a homologuées.

» Tout abaissement de tarifs ne pourra être relevé avant le délai d'un an pour les marchandises. »

§ IV.

Interprétation par les Compagnies des règles qui précèdent.

Ainsi que nous l'avons dit par ce qui précède, le Cahier des charges et l'Ordonnance de 1846 ont posé des règles absolues en ce qui touche :

L'égalité entre tous les expéditeurs quant aux prix et conditions;

La division des objets à transporter en trois séries;

La fixation des prix *maxima,* en indiquant les règles et les conditions pour les abaissements de ces prix ;

Enfin, l'unité kilométrique pour le calcul des prix à appliquer, sauf l'exception apportée en 1863 pour le transport de certaines matières premières désignées.

Le prix maximum du tarif en grande vitesse a été unique : savoir 0,36 par tonne et par kilomètre, en tant qu'il ne s'agit pas de finances, de valeurs ou d'objets d'art pour lesquels il y a un tarif *ad valorem.*

Quoique ce prix soit très-élevé, les Compagnies ont trouvé le moyen de l'augmenter, et voici comment :

Il est incontestable qu'en fixant les prix maxima du tarif, on a entendu mettre à la charge des Compagnies, les impôts qui grèvent tous les entrepreneurs de transports aux termes des lois des 9 vendémiaire an VI et 26 mars 1817.

Mais les Compagnies se sont déchargées de cet impôt, en en grevant les expéditeurs et les voyageurs ; ce qui a élevé en particulier le prix de 0,36 c. ci-dessus, à 0,40 par tonne et par kilomètre.

Elles devaient améliorer les conditions de transports des petits colis : Bien loin d'entrer dans cette voie favorable au commerce, elles ont au contraire aggravé la situation par les moyens les moins justifiables.

Les prix maxima du tarif en petite vitesse que les Compagnies ont désigné sous le titre de tarif général, ont été à peu près conservés tels que le cahier des charges les a réglés ; mais, dans leur application, les Compagnies n'ont tenu aucun compte des prescriptions quant aux séries et quant à l'unité kilométrique.

En arrêtant les prix maxima basés sur ceux pratiqués par les anciens modes de transports et en indiquant les conditions sous lesquelles les abaissements de ces prix auraient lieu, on créait une échelle mobile qui est devenue une partie intégrante du contrat.

Cette vérité admise, il faut en accueillir une autre tout aussi précise : *c'est que les prix minima sont soumis aux mêmes règles que les prix maxima, c'est-à-dire à l'égalité des prix et conditions, à l'unité kilométrique, au classement et à l'interdiction de toute faveur.*

Les Compagnies ont pensé tout le contraire ; elles disent que le droit de diminuer les prix du tarif général avec ou sans conditions n'appartient qu'à elles, que seules elles peuvent apprécier l'opportunité de la mesure et l'appliquer dans les prix et termes qu'elles jugent convenable de le faire.

Que le cahier des charges qui a réglé ce droit, est un contrat synallagmatique et que les tarifs constituent une propriété à laquelle il n'est pas permis de porter la plus légère atteinte.

Voilà le véritable point de départ de tous leurs abus.

C'est soutenir cependant une théorie que condamnent, de la manière la plus absolue, toutes les circonstances de droit et de fait qui se rattachent à la question.

Les Compagnies n'existeraient pas en vertu d'un privilége, elles auraient exécuté leurs engagements tels qu'ils avaient été pris à l'origine ; elles n'auraient pas reçu de l'Etat ces subventions et facilités considérables que l'on connaît ; en un mot, elles seraient des sociétés purement commerciales, soumises à des concurrences, ayant exécuté les chemins avec leurs capitaux, que leurs prétentions ne pourraient encore pas se soutenir.

Si le Cahier des charges qu'elles invoquent était un contrat synallagmatique, dans la simple formule de notre droit civil, et qu'il donnât aux Compagnies seules la faculté non-seulement d'abaisser les prix maxima, mais de régler arbitrairement les conditions de ces abaissements, ce serait une clause léonine qui vicierait l'acte tout entier.

Le Cahier des charges est un contrat qui participe à la fois du droit administratif et législatif et des conditions qui tiennent à l'ordre public, ce qui fait que les Compagnies n'ont, en aucune circonstance, la liberté de leurs actes, de la manière dont elles le pratiquent.

Ainsi, l'Ordonnance de 1846 exige que les Compagnies ne puissent faire aucunes propositions d'abaissements de prix, sans les avoir préalablement communiquées au Ministre, aux Préfets et au Public par des affiches, et de ne pouvoir les mettre à exécution avant d'avoir obtenu l'homologation ministérielle.

Si elles avaient une entière liberté d'action, comme elles le prétendent, pourquoi ces prescriptions? Depuis quand enchaîne-t-on une volonté qui ne veut pas reconnaître de maître ?

Ces prescriptions ont un double but :

D'abord, de mettre le Public en droit d'élever une discussion contradictoire sur le mérite des propositions, sur leur légalité, et ensuite pour que le Ministre, à son tour, ne puisse homologuer qu'après une instruction sérieuse, et pourvu encore que ces propositions ne contiennent aucune condition contraire à la loi.

De ce droit en découle nécessairement un autre tout aussi précis : c'est que, si les compagnies veulent se maintenir dans les prix maxima, dans ce statu quo qui n'est qu'un point le plus élevé de l'échelle mobile créée par le cahier des charges, le public a le droit d'intervenir, de se faire rendre compte de leur exploitation, afin de s'assurer qu'elles ne peuvent faire mieux ;

et alors même qu'elles abaissent les prix, le droit reste le même, afin de reconnaître si en cela elles ont fait tout ce qu'elles doivent.

Si ce droit n'existait pas tel que nous le définissons, alors les compagnies auraient raison ; l'Etat leur aurait tout abandonné, à la seule condition de ne pas dépasser les prix maxima du tarif général, et les prescriptions que nous avons rappelées n'auraient plus d'autre but que de faire simplement légaliser par le ministre les propositions des compagnies, ainsi que leurs administrateurs l'ont prétendu à l'enquête de 1850.

Pour se soustraire à la juste appréciation qu'on doit faire de la règle, il ne suffit pas que les compagnies veuillent établir par leurs procédés qu'elles entrent dans les prix minima autant qu'elles le peuvent, il faut qu'elles reconnaissent qu'elles agissent ainsi en exécution des obligations qui leur sont imposées ou qui résultent de la nature des contrats ; il faut surtout qu'elles ne pnissent pas, à l'aide de raisonnements plus ou moins spécieux, de théories plus ou moins fausses, s'écarter des principes qui sont la loi commune de tous les intéressés.

Elles ne doivent surtout pas soutenir davantage que dans les tarifs à minima elles ont le droit de s'écarter des règles du tarif général.

Partout le principeabsolu de l'égalite, des prix et des conditions est inscrit ; tout tarif de faveur est formellement défendu, et cependant les prétentions des Compagnies établissent deux poids, deux mesures : le respect des principes seulement dans l'application des tarifs généraux, et pour les prix à minima l'arbitraire, c'est-à-dire des conditions qui créent des inégalités et des traités de faveur : 'est une prétention monstrueuse, contraire aux notions les plus élémentaires de la question.

Mais que ne peut pas produire l'abus et l'excès d'un pouvoir sans contre-poids sérieux, puisqu'on a pu mettre en pratique de pareilles théories !

§ V.

Comment les Compagnies ont dès lors appliqué les tarifs et les séries.

Du moment que les conditions ont été posées pour le tarif général, les compagnies, lorsqu'elles ont abaissé leurs prix, n'avaient qu'une seule voie à suivre : c'était d'appliquer les mêmes règles; en un mot, de tout simplifier en restant dans les termes du contrat; nous avons démontré qu'elles n'avaient d'ailleurs pas le droit d'agir différemment.

Cependant les infractions aux principes et aux règles ont été générales.

Rien ne devait paraître plus à l'abri de leurs abus que le classement des marchandises en trois séries.

Ce classement avait un avantage très-sérieux; c'était de maintenir une unité nécessaire entre les Compagnies, quant aux objets à transporter, et d'autant plus naturelle qu'il ne peut entrer dans l'esprit de personne que ces transports puissent donner lieu à des risques différents d'une compagnie à l'autre.

En changeant arbitrairement les séries, l'unité a été rompue sur ce point, au détriment des principes et des commodités du commerce qui, pour une marchandise de même nature, a eu dès lors à subir parfois autant de séries que cette marchandise a parcouru de lignes différentes.

La compagnie de Paris-Lyon-Méditerranée a créé six classes ou séries, plus une série spéciale entre la sixième série et les tarifs spéciaux.

Le Nord en a créé six;

L'Est, cinq;

L'Orléans, trois, plus une série hors classe, la plus élevée de toutes;

L'Ouest en a six;

Le Midi, quatre et une série spéciale, avec un mode différent d'application.

Le plus grand arbitraire s'est produit dès lors dans le classement des marchandises; chaque Compagnie a agi à cet égard comme elle l'a voulu. Par exemple, ce qui a été mis par le cahier des charges à la troisième série a été porté par une Compagnie à la deuxième série, par une autre dans la cinquième, et ainsi de suite. Aucune raison autre que la volonté des Compagnies n'a présidé à ce bouleversement des séries telles que le cahier des charges les avait réglées.

Le même arbitraire a présidé à l'établissement des tarifs : tantôt les Compagnies ont appliqué l'unité kilométrique, tantôt la règle différentielle; parfois ce qu'elles appellent le tarif à prix ferme, c'est-à-dire avec des prix fixes, du point de départ d'une ligne au point d'arrivée, en y faisant participer certaines stations, en en repoussant d'autres, à moins de conditions arbitraires.

Ainsi, l'unité que le cahier des charges a établie entre les Compagnies, quant aux séries et quant aux tarifs, a disparu pour faire place aux abus les plus désordonnés.

Pour masquer toutes ces violations à la loi de leur institution, les Compagnies ont imaginé des centaines de tarifs et qui diffèrent entre eux par le mode d'application des distances kilométriques, par les conditions de chargement et de délai de livraison ; refusant à des localités ce qu'elles accordent à d'autres, variant les prix d'une ligne, d'un point intermédiaire à un autre point, sans en faire jouir toute la ligne ; établissant des prix variant sur les différentes parties de leurs réseaux, entre les marchandises de même nature ; rapprochant ou éloignant par ces moyens les distances de lieux selon leur volonté, le tout sans donner aucune raison de ces agissements divers.

Nous allons essayer de ramener cet inextricable faisceau d'abus sous les trois désignations suivantes : les tarifs spéciaux, les tarifs communs et les tarifs de transit et d'exportation.

TARIFS SPÉCIAUX.

Les tarifs spéciaux proprement dits sont ceux qui fixent des prix inférieurs aux prix du tarif général pour les expéditeurs qui se soumettent à certaines conditions.

L'article 50 du cahier des charges dit « qu'il pourra être établi » un tarif approuvé par le ministre pour tout expéditeur qui acceptera » des délais plus longs que ceux déterminés pour la petite vitesse. »

Cette disposition confirme les principes que nous avons développés plus haut et ne laisse aucun doute sur ce fait, que les Compagnies ne peuvent créer d'exception en matière de prix à minima que pour le cas où un expéditeur acceptera des délais plus longs que ceux déterminés pour la petite vitesse.

Cependant les Compagnies ont inscrit dans leurs tarifs à minima diverses autres conditions, notamment : 1° de ne pas faire de chargements au-dessous d'un chiffre indiqué, soit de 3, 4, 5 et jusqu'à

10,000 kilogrammes, ou de payer pour la quantité indiquée ; 2° de renoncer à toutes répétitions pour les cas d'avaries ; 3° dans le cas d'un tarif entre un point de départ désigné et un point d'arrivée, l'interdiction pour une gare non désignée de ne pouvoir en réclamer l'application sans payer à partir de l'avant-dernière gare désignée.

Par exemple, un industriel ne peut charger dans le moment que 1,000 à 1,500 kilogrammes : s'il veut jouir du tarif réduit, il faut qu'il paye sur le chiffre total du chargement exigé.

Et dans l'autre cas, un expéditeur, n'étant pas sur une gare désignée au tarif dont il veut profiter, devra payer à partir de la gare indiquée et qui précède, fût-elle à 20, 30 et 50 kilomètres de distance.

Ce sont là autant d'infractions à la loi et aux principes d'égalité, ou autant de traités de faveur déguisés, surtout quand on se pénètre bien de ce fait, que tout expéditeur, grand ou petit, ne peut s'affranchir de la nécessité absolue d'employer la voie des chemins de fer.

La loi rend le voiturier responsable des objets qu'on a mis en sa garde pour les transporter : Les Compagnies remplissent le double service de commissionnaire et de voiturier ; en cette dernière qualité, elles sont tenues de garantir l'expéditeur des avaries que les objets confiés à leur garde peuvent éprouver.

C'est une disposition d'ordre public, nous pouvons dire de moralité, à laquelle nul ne peut se soustraire.

Supposons qu'il s'agisse de caisses renfermant des porcelaines, des bouteilles ou autres marchandises fragiles, et que les employés, en les maniant vivement et sans prudence, aient occasionné des bris plus ou moins considérables.

Que des employés infidèles aient soutiré des vins ou d'autres liquides, ou en aient altéré la qualité en remplaçant le vin par de l'eau.

Comprend-on dès lors que les Compagnies puissent s'abriter derrière une clause quelconque pour se faire exonérer des justes réclamations auxquelles donneront lieu les deux cas que nous venons de choisir au milieu de cent, ou que, en cas de réclamations, elles puissent prétendre avoir le droit de remplacer le tarif à prix réduit par le tarif général, afin de punir l'expéditeur de sa résistance à leur volonté ?

Pourquoi, si les Compagnies ont un droit aussi exorbitant, aussi contraire à la loi, ne l'appliquent-elles pas également au tarif général? A quoi bon s'arrêter en si excellent chemin?

TARIFS COMMUNS.

Les tarifs communs sont des tarifs spéciaux, tantôt à bases fixes, tantôt à base kilométrique ou différentielle, préparés par deux ou plusieurs Compagnies pour des transports empruntant des sections appartenant à ces Compagnies.

Ces tarifs seraient un pas important dans les voies de l'unification des prix, s'ils avaient été faits en vue de cette utile amélioration.

Ils contiennent tous, les infractions que nous avons signalées plus haut; mais c'est surtout ici qu'on peut constater les préjudices et les difficultés qui résultent pour le public des différences de classement entre les Compagnies; souvent une marchandise compte autant de séries différentes qu'elle parcourt de lignes.

Les prix et les conditions changent ainsi d'une ligne à l'autre; tantôt la même marchandise est prise au point de départ, au tarif réduit; puis, en passant sur une seconde ou une troisième ligne, elle est taxée au tarif général, ou au tarif différentiel, ou au tarif kilométrique, ou enfin on lui applique le prix ferme; le tout selon le bon plaisir des Compagnies.

Tous les tarifs réduits des Compagnies, spéciaux ou communs, contiennent, sans exception, une clause qui, si elle ne cachait le besoin de faire ratifier leurs abus, ne serait plus qu'une surprise : c'est celle qui impose à tout expediteur l'obligation de demander le tarif réduit dont il veut jouir.

Nous verrons par ce que nous dirons encore combien cette condition est difficile à remplir.

En effet, plus de mille tarifs sont la formule des abus dont nous venons d'indiquer quelques-uns des principaux caractères; ils sont renfermés dans ce que l'on appelle LE LIVRE CHAIX.

Quand on étudie ces tarifs, on demeure convaincu que ceux qui ont présidé à leur confection n'ont eu qu'une pensée; celle d'embrouiller la matière à ce point que les employés des Compagnies eux-mêmes ne s'y reconnaissent qu'à peine.

Et de plus, bien que par la constitution des chemins de fer et leur manière obligée d'opérer, les prix et les conditions ne soient pas sujets à des changements incessants, soit par le besoin d'introduire la confusion, soit pour occuper la bureaucratie nombreuse qui s'est emparée des Compagnies, les changements ne cessent de varier d'un jour à l'autre, sans même que l'on s'inquiète trop de cette interdiction portée dans le cahier des charges, de ne pouvoir relever les prix sur les marchandises avant le délai d'un an.

Ces changements se font d'ailleurs brusquement et sans avis préalable ; souvent ils sont mis en pratique avant même d'avoir été homologués ; de telle sorte qu'un industriel qui a commencé une opération sur la foi d'un tarif existant, apprend son changement avant d'avoir pu la terminer et subit parfois des pertes considérables.

Mais ce qui atteste mieux qu'on ne peut l'exprimer l'incohérence, l'arbitraire de ces tarifs, c'est qu'il est peu de lettres de voitures qui ne soient entachées d'erreurs, tantôt purement matérielles, par suite de fausses applications, tantôt sur le fond lui-même, par l'altération des principes.

Les Compagnies ont à la vérité, des bureaux de contrôle où sont vérifiées toutes les lettres de voiture, au fur et à mesure qu'elles leur rentrent : il est utile de signaler leur manière d'agir à cet égard.

Lorsque les erreurs sont à leur préjudice, elles en réclament le remboursement, comme elles en ont incontestablement le droit ; mais presque toujours elles sont au préjudice des expéditeurs par la difficulté qu'éprouvent les employés des Compagnies à comprendre l'économie des tarifs.

L'équité commanderait que le public fût instruit de ces erreurs ; ce n'est pas ce que les Compagnies pratiquent. Elles portent ces erreurs à un compte qu'elles intitulent « compte à disposition, » et qui, par les seules erreurs matérielles pour fausses applications, dépassent pour chacune d'elles un million par an.

Quelques expéditeurs, à leur tour, livrent leurs lettres de voiture à des agents plus ou moins exercés, moyennant 50 0/0 de remise sur les sommes qu'ils parviennent à faire rentrer.

Et ce n'est pas trop, car les Compagnies rendent cette besogne on ne peut plus laborieuse par les lenteurs et les difficultés qu'elles opposent systématiquement.

Nous ne pouvons mieux terminer ce chapitre qu'en prenant quelques exemples parmi les nombreux abus auxquels les Compagnies s'abandonnent.

Les priviléges de reduction de prix sont des abus à signaler sur presque toutes les lignes.

De Bordeaux aux forges de Mensompron, on prend pour le transport des minerais, sur un parcours de 232 kilomètres, 52 francs la tonne, soit 0,02 par kilomètre.

Et pour aller de ces forges à Bordeaux, le tarif est de 56 francs, tandis que pour Alby, on prend le double pour un trajet de 368 kilomètres, soit 0,012 dans un cas, et 0,0420 dans l'autre

La compagnie d'Orléans a des mines sur son parcours ; elle leur fait des avantages qu'elle refuse aux autres.

Depuis l'ouverture de la section de Corbeil à Montargis, les vins et les spiritueux en provenance de la ligne du Bourbonnais et en destination de Bercy, sont toujours taxés par Moret, quoique l'itinéraire par Montargis et Villeneuve-Saint-Georges soit plus court.

Pour les expéditions au prix du tarif général des carbonates de baryte, cendres de plomb, coussinets, etc., la taxe de Paris à Soissons, sur un parcours de 103 kilomètres, est de 8,40 la tonne, et de Paris à Longpont, sur 88 kilomètres, de 7,60, tandis qu'au tarif spécial, avec diverses conditions, notamment celle de charger de 5 à 10,000 kilogrammes ou de payer pour ce poids, les prix sont de 5,90 pour l'une comme pour l'autre destination.

Pour le transport d'ustensiles de ménage en fonte par wagon complet de 5,000 kilogrammes et sans responsabilité,

Le prix, de Landrecies à Paris, est de 11,70 la tonne, tandis que de Paris à Landrecies le prix est élevé à 17,50.

La Compagnie de Lyon a établi pour le transport des alcools, vins, vinaigres, vermouth, bitter, etc., en fûts, un tarif kilométrique à 0,08, 0,07, 0,06 et 0,05, suivant la longueur des distances parcourues. Elle a stipulé que les expéditions faites de la gare de Montbard à Bercy-Paris ne seraient taxées qu'à un prix ferme de 10 fr. 70 la tonne, mais elle s'est sans cesse refusée à appliquer ce prix aux marchandises provenant des gares au-delà de Montbard.

Les vins en fûts, sur le parcours de la Nouvelle à Bordeaux, Saint-Jean, sont taxés sur une base de 0,05 par tonne et par kilomètre, tandis que les gares situées entre Port-Vendre et la Nouvelle sont taxées à 0,14, c'est-à-dire à plus du double, et cependant il s'agit dans les deux cas de l'application du tarif général.

Le cabotage de port français à port français est tué par les tarifs déloyaux des chemins de fer. Ainsi, une tonne de vin coûte, de Bordeaux à la Rochelle, 14 francs; de Bordeaux à Niort, qui est beaucoup plus près, 19 francs; de Bordeaux au Havre elle coûte 20 francs, et de Bordeaux à Pontoise, 53 francs. En plus, il y a des tarifs tellement combinés qu'un négociant du Havre a intérêt à expédier ses marchandises à destination de Gênes, d'abord à Londres, puis à Bordeaux, de là à Cette, et enfin à Gênes, au lieu d'envoyer directement de Bordeaux ou même de Marseille.

Le cadre que nous nous sommes proposé ici ne nous permet pas d'étendre davantage nos exemples; mais on peut tenir pour certain qu'un volume suffirait à peine pour faire état de toutes les anomalies que renferment les tarifs de nos six grandes compagnies.

§ V.

Les tarifs de transit et les tarifs d'exportation.

Le courant industriel indique à chaque nation ce qu'elle a à faire pour en développer les conditions chez elle.

Elle doit profiter des situations de lieux et de circonstances, afin de ne pas abandonner à une nation rivale ce qu'elle peut se réserver à elle-même.

Le commerce ne se produit pas seulement sur les marchés intérieurs d'un Etat, mais il doit s'étendre aussi sur les marchés étrangers où il rencontre la concurrence des produits des autres pays.

Les produits identiques sont recherchés à raison des prix auxquels on les offre, et il faut reconnaître que les frais de transport entrent pour une notable part dans les prix de revient.

Les choses, prises à ce point de vue, commandent d'examiner et de comparer avec soin les tarifs étrangers concernant les marchandises qui entrent ou qui peuvent entrer en concurrence avec les nôtres.

Si par exemple, les tarif étrangers comparés aux nôtres, sont tels que, pour les approvisionnements de certaines parties de l'Allemagne ou même de notre territoire, il y ait plus d'avantage à prendre la voie d'Anvers que celle du Havre, ou si, pour les marchandises du Levant destinées à l'Angleterre, il y ait à préférer la voie d'Italie à celle de Marseille, il est incontestable qu'on porte par là un préjudice au commerce de ces deux grandes cités.

Les Compagnies ne doivent pas et ne peuvent pas produire de pareils résultats; mais, d'un autre côté, pour favoriser le transit par leurs lignes, il ne faut pas que leurs prix soient calculés de telle manière qu'ils puissent nuire aux produits similaires français.

Les Compagnies n'ont pas tenu compte de cette règle, et, pour se justifier, elles ont dit qu'elles ne pouvaient se laisser enlever le transit qui ne nuit en rien aux intérêts des nationaux, et qui, en augmentant leurs recettes, exerce une influence favorable sur leurs frais généraux.

Cela serait vrai si d'un autre côté, comme nous venons de l'observer, les tarifs de transit, en permettant aux produits étrangers d'arriver sur les marchés dans des conditions plus économiques que les nôtres, ne nous causaient pas un préjudice plus sérieux que n'est le prétendu avantage dont les Compagnies font étalage, pour faire disparaître ce qu'il y a d'injuste dans cette situation.

Rendons plus sensible ce que nous venons de dire par quelques exemples.

Les cotons bruts expédiés du Havre à Bâle en transit par la France, étaient transportés par les Compagnies de l'Ouest et de l'Est, au prix de 65,50 par tonne, tandis que le prix applicable aux cotons du Havre à Mulhouse était de 68 fr. 31 par tonne.

Les Compagnies ont enfin cédé aux plaintes que soulevait une différence de prix aussi préjudiciable, et le 18 novembre 1869, elles ont fait un tarif qui a fixé un prix uniforme de 56 fr. 80 par tonne pour Mulhouse et pour Bâle, en restreignant toutefois cette mesure aux seuls cotons d'Amérique et en en exemptant les cotons des Indes pour une raison qu'il était facile de faire disparaître.

De Boulogne à Paris, la tonne de marchandises est taxée
à 40 30

De Paris à Marseille.   99 15

Plus, pour enregistrement et manutention sur les deux
lignes . . . .   2 »

Ensemble. 141 80

De Manchester à Paris, la tonne de marchandise,
tout compris, coûte. . . . .   122 »

Si nous partageons les 122 francs par moitié, dont l'une pour les frais anglais (chemins de fer, paquebot, embarquement, débarquement, camions, etc.), il reste aux Compagnies françaises, pour le transport par transit de la frontière à Marseille, 61 francs, soit une différence avec le prix de transport pour la marchandise nationale de 81 francs, soit plus du double, représentant, s'il s'agit de calicots, un excédant de frais de 2,70.

L'Italie fait une commande de canons partie à l'Angleterre et partie à Nantes. Le tarif des Compagnies d'Orléans et de Paris-Lyon-Méditerranée est tellement élevé au départ de Nantes que le constructeur a intérêt à faire transporter par mer ses produits à Bordeaux, d'où sont partis par la voie de fer les produits anglais, à la faveur d'un tarif de transit, et à réclamer l'application de ce tarif; mais la Compagnie d'Orléans refuse d'appliquer le tarif de transit, parce que les marchandises sont d'origine française, et le fondeur français doit subir, au départ de Nantes, un prix de transport plus élevé que le prix kilométrique appliqué aux produits du fondeur étranger.

Par le tarif spécial P. V. n° 14. la Compagnie de l'Est transporte les houilles de Sarguemines à Strasbourg, sur un parcours de 118 kilomètres, à raison de 4 fr. 60 la tonne; elle demande le même prix pour Kehl, dont le parcours est de 130 kilomètres..

1,000 kilogrammes de marchandises paient de Rouen à Marseille, pour l'exportation, 114 fr. 60, alors que de Paris à Marseille les tarifs sont de 120 fr., soit une diminution de 5 fr. 40, d'autant plus sensible que le trajet est de 136 kilomètres plus court.

Les exemples de faveur au profit des produits étrangers se multiplient a l'infini; ce serait sortir du cercle que nous nous sommes proposé que d'en citer un plus grand nombre.

Nous croyons sincèrement qu'il est de l'intérêt général de donner au transit à travers notre territoire, le plus grand développement possible ; mais nous ajouterons que ce ne doit jamais être au préjudice des intérêts nationaux.

Ainsi, les mêmes tarifs doivent être concédés à nos marchandises similaires, quand elles suivent les mêmes lignes que les marchandises étrangères.

Si, pour obtenir le transit de celles-ci, il faut abaisser les prix à 0.02, 0.03 ou 0.04 centimes par tonne et par kilomètre, la même faveur doit être faite à nos marchandises.

Toutes les raisons que les Compagnies peuvent opposer ne sauraient prévaloir sur les principes économiques qui ne veulent pas qu'on puisse se porter préjudice à soi-même.

Les tarifs d'exportation sont des tarifs plus réduits que ceux pour l'intérieur et destinés à faciliter les exportations à l'Etranger des marchandises françaises.

Nous n'avons rien à objecter à des réductions de prix appliquées à ces sortes de transports, mais à la condition que les principes de l'égalité ne seront pas violés et que les prix réduits seront appliqués indistinctement à toutes les marchandises destinées à l'exportation.

Ajoutons que les tarifs dont nous nous occupons ont été autorisés par un décret du 26 août 1866, qui a dispensé les Compagnies de remplir aucune des formalités prescrites par la loi pour les autres tarifs.

Nous n'hésitons pas à soutenir que ce décret a violé tous les principes sur la matière.

§ VI.

Les Frais dits Accessoires et les Soudures.

Il a été stipulé dans le cahier des charges que les frais dits accessoires, se composant des droits de gare au départ et à l'arrivée, des frais de chargement et de déchargement, seraient réglés dans le dixième mois de chaque année et que la perception n'en pourrait être faite qu'après l'homologation ministérielle.

Ces frais ont pris une forme invariable pour toutes les Compagnies et se composent ainsi :

Pour wagons de 2 à 3,000 kilogrammes,

   » 60 c. pour frais de chargement et de déchargement;

   » 40 c. pour frais de gare à l'arrivée et au départ.

____

   1 f. »   par tonne.

Et pour les expéditions au-dessous d'un wagon,

   » 80 c. pour frais de chargement et de déchargement;

   » 70 c. pour frais de gare.

____

   1 f. 50 c. par tonne.

Il est accordé de plus, 0.20 c. par tonne pour passage d'une ligne sur une autre; c'est ce qu'on appelle frais de jonction.

Le passage d'une ligne à une autre, se faisant ou devant se faire sans changement de wagon, il est de principe que les frais de chargement et de déchargement ne peuvent jamais être pris qu'une fois, c'est-à-dire à l'arrivée.

Nous avons déjà dit que pour soutenir leurs tarifs différentiels, les Compagnies prétendent qu'il leur en coûte beaucoup plus pour les transports à petite distance que pour les plus longues.

Elles n'avaient qu'à justifier ces allégations et, sans enfreindre le principe de l'unité kilométrique, demander une surélévation dans les frais accessoires pour les petites distances.

Du reste, dans cette question des frais accessoires, les Compagnies, n'ont eu garde de s'en tenir à la légalité.

Lorsqu'un chargement ne complète pas le poids exigé pour jouir du tarif spécial, la Compagnie du Nord a la première, fait payer non-seulement le tarif sur la différence de poids, mais les frais accessoires sont calculés également sur cette même différence. De sorte que, dans les deux cas, l'expéditeur paye pour un poids qu'il ne charge pas.

Cette pratique inqualifiable a été suivie par les autres Compagnies et l'abus ne s'est pas arrêté là.

Toutes les Compagnies ont introduit dans leurs tarifs spéciaux une clause portant que les frais de manutention sont dûs chaque fois que les tarifs dits à prix fermes sont appliqués, bien qu'on puisse croire que déjà ces frais sont entrés dans la composition des prix.

Mais les Compagnies, abusant de cette stipulation, perçoivent les frais accessoires autant de fois que les marchandises transitent d'une ligne à l'autre.

C'est là une violation incontestable de la loi, car le passage des marchandises ne donne ouverture qu'au simple droit de jonction, c'est-à-dire à 0.20 c., alors même que dans le parcours le tarif cesserait d'être celui appliqué au départ.

Les Compagnies du Nord et d'Orléans admettent les soudures des tarifs généraux avec les tarifs spéciaux, ou des tarifs spéciaux à base kilométrique avec les tarifs à prix fermes.

La Compagnie de l'Est les admet aussi, mais à la condition expresse que l'Expéditeur, au moment de la remise de la marchandise, stipulera sur la demande d'expédition l'itinéraire à suivre et les prix à appliquer, ce qui est à peu près l'impossible.

La Compagnie de l'Ouest admet les soudures du tarif général avec les tarifs spéciaux, mais elles les refusent pour les tarifs spéciaux à base kilométrique avec les tarifs à prix ferme.

Comme on le voit, en fait de frais accessoires et de soudures, c'est, comme en toutes choses, l'arbitraire et la confusion.

§ VII.

Des Délais.

Tous les objets quelconques remis en grande vitesse seront expédiés par le premier train de voyageurs comprenant les voitures de toutes classes, pour être mis à la disposition du destinataire dans le délai de deux heures après l'arrivée du train.

Tous les objets quelconques en petite vitesse seront expédiés dans le jour qui suivra celui de la remise.

Le maximum de la durée de trajet sera fixé par l'administration sur la proposition de la Compagnie, sans que ce maximum puisse excéder 24 heures par fraction indivisible de 125 kilomètres (art. 50 du cahier des charges).

Les colis seront mis à la disposition du destinataire dans le jour qui suivra celui de leur arrivée effective en gare.

Lorsque la marchandise devra passer d'une ligne sur une autre sans solution de continuité, les délais de livraison et d'expédition, au point de jonction, seront fixés par l'administration, sur la proposition de la Compagnie (art. 50).

Les Compagnies peuvent présenter des tarifs dont les prix seront réduits pour tout expéditeur qui acceptera des délais plus longs.

Elles peuvent encore proposer un délai moyen entre ceux de la grande vitesse et de la petite vitesse, en prenant un prix intermédiaire entre ceux de la grande et de la petite vitesse.

Ces propositions doivent être affichées et homologués (art. 57).

Voilà les règles qui ont été posées dans le cahier des charges pour les délais.

Un premier arrêté ministériel du 15 avril 1859 a fixé les délais réservés en vertu du dernier paragraphe de l'article 50 du Cahier des charges.

Et le 12 juin 1866, un nouvel arrêté, d'accord avec les Compagnies, a été pris, d'après lequel on a stipulé :

Un trajet obligatoire de 200 kilomètres, au lieu de 125, dans un délai de 24 heures, pour les marchandises de la première et de la deuxième série, et pour les marchandises de la troisième série voyageant sur un ensemble de lignes désignées, en payant le prix de la deuxième.

Plus un jour pour l'expédition,

Un jour pour la livraison,

Un jour pour la transmission d'une ligne à une autre.

Dans Paris, par le chemin de ceinture, deux jours y compris le parcours.

On doit ajouter à ces délais le jour où la marchandise arrive dans la gare de distribution.

On ne s'explique pas trop les motifs qui ont fait excepter la troisième série de cette disposition qui a fixé à 200 kilomètres par délai de 24 heures, a moins qu'on n'acquitte le prix de la première ou de la deuxième série.

Et cette objection est d'autant plus fondée qu'avec le bouleversement apporté par les Compagnie dans les séries, la règle cesse d'être d'une application générale.

La règle, disons-le, ne devait pas être absolue et devait recevoir des différences pour les transports à petite distance.

Supposons, en effet, un transport à 50 kilomètre. Voici le nombre de jours comme délai :

Un jour pour l'expédition ;

Un jour pour le transport ;

Un jour pour l'arrivée.

En tout, quatre jours, avec celui pour la livraison.

Avec le roulage ordinaire, le chargement étant fait la veille, on ivrait le lendemain matin.

En Angleterre, il y a des trains de voyageurs et des trains de marchandises.

Les trains de voyageurs n'acceptent que les petits colis qui sont livrés dans la même journée.

Quant anx trains de marchandises, la marchandise, une fois remise aux Compagnies, est livrée le même jour au destinataire, et cela sur un parcours de 80 lieues.

L'habitude de livrer la marchandise dans un délai de quelques heures après l'arrivée est universelle pour toutes les Compagnies de chemin de fer anglais.

Les grosses marchandises, quittant Manchester à 7 heures du soir et arrivant à Londres entre 4 et 5 heures du matin, sont livrées au destinataire avant huit heures du matin, à toute époque de l'année.

Il ne peut y avoir de délais de livraisons occasionnées par l'encombrement des marchandises, à raison de la marche pressée des affaires. Le délai est toujours de rigueur et il y a peu d'exceptions à cette règle.

Dans le cas où la marchandise est susceptible de détérioration, tels que les fruits, les poissons, etc., et que le retard dans la livraison des marchandises ait été causé par la négligence des Compagnies, on peut réclamer des dommages-intérêts.

Chaque Compagnie a le droit, en ce qui concerne le transport des marchandises, de fixer son tarif et la vitesse de la livraison, et des arrangements réciproques sont faits entre les diverses compagnies et par les compagnies elles-mêmes pour la communication entre les diverses lignes.

Bien loin que nos Compagnies françaises aient imité les Compagnies anglaises, elles n'ont négligé aucune occasion d'allonger les délais réglementaires, et, profitant de cette faculté que leur donne le cahier des charges par exception de diminuer les prix en allongeant les délais, elles en ont fait en quelque sorte une règle générale, mais en ajoutant à cette convention, comme nous l'avons vu, diverses autres conditions qu'elles n'ont pas le droit de stipuler.

Ainsi, le Nord, pour les tarifs spéciaux n° 10 et 13, augmente les délais réglementaires de 15 jours au minimum.

Et de 5 jours pour tous les autres tarifs.

L'Est augmente les délais de 8 jours pour tous les tarifs spéciaux ;

Paris-Lyon-Méditerranée, de 5 jours ;

L'Orléans, de 15 jours sur les tarifs n° 12, 14, 17 et 18, et de 5 jours pour tous les autres tarifs.

Les plaintes des industriels, quant aux délais de transports et de livraisons des marchandises en petite vitesse, sont unanimes, et aucune raison surtout ne peut justifier les retards que les Compagnies apportent dans la livraison.

Les délais réglementaires, déjà fort longs, allongés comme une seconde règle par l'abus que les Compagnies font d'une clause du cahier des charges, deviennent encore plus préjudiciable lorsque les marchandises parcourent des lignes appartenant à des Compagnies différentes ; car, dans ce cas, il y a autant de jours de délai de plus qu'il y a de points de jonction réunissant ces lignes.

On a constaté qu'avec les délais imposés aujourd'hui par les chemins de fer pour la petite vitesse, il arrive qu'une marchandise, partant d'un point quelconque pour Paris, emploie autant de temps qu'autrefois en demandait le roulage, qui faisait sept ou huit lieues par jour.

Assurément personne ne contestera qu'en cette partie de la question, les Compagnies n'ont réalisé aucun progrès, et qu'ici, comme en toutes choses, l'abus est toujours leur seule règle.

§ IX.

Camionage.

L'article 52 du cahier des charges stipule que les Compagnies seront tenues de faire, soit par elles-mêmes, soit par un intermédiaire dont elles répondent, le factage et le camionage, pour la remise au domicile des destinataires de toutes les marchandises qui leur sont confiées.

Le factage et le camionage ne sont point obligatoires en dehors du rayon de l'octroi, non plus que pour les gares qui desserviraient, soit une population agglomérée de moins de 5,000 habitants, soit un centre de population de 5,000 habitants, situé à plus de 5 kilomètres de la gare du chemin de fer.

Les tarifs *à percevoir seront fixés par l'Administration sur la proposition de la Compagnie ; ils seront applicables à tout le monde sans exception.*

Toutefois, les expéditeurs et destinataires resteront libres de faire eux-mêmes et à leurs frais, le factage et le camionage de leurs marchandises.

Ainsi, aux termes de cet article, les Compagnies, sauf les exceptions prévues, sont tenues de faire le factage et le camionage.

Et les tarifs à percevoir doivent être fixés par l'Administration.

Il résulte de cette disposition et de ces *mots « sans distinction, »* que le principe de l'égalité doit être observé.

Cependant, il est certain que les Compagnies font des traités particuliers qui sont directement ou indirectement la violation de ces principes.

Ainsi, toutes les fois que des actes de cette nature sont connus, on doit les signaler pour en poursuivre la repression.

§ X.

De l'obligation d'avoir tout le matériel suffisant

L'article 49 du cahier des charges, dit que la Compagnie sera tenue d'effectuer constamment, avec soin, exactitude et celérité et sans tour de faveur, le transport des voyageurs, bestiaux, denrées, marchandises et objets quelconques qui lui seront confiés.

Tous ces objets doivent être inscrits à la gare d'où ils partent et à la gare où ils arrrivent, sur des registres spéciaux, au fur et à mesure qu'ils arrivent.

L'article 50 stipule :

1° Que les animaux, denrées, marchandises et objets quelconques en grande vitesse, seront expédiés par le train de voyageurs, comprenant des voitures de toutes classes et correspondant avec leurs destinations, pourvu qu'ils aient été présentés, trois heures avant le départ des trains.

2° Que tous les objets quelconques, en petite vitesse, seront expédiés dans le délai du jour qui suivra la remise.

Il est réservé à l'Administration d'étendre les délais à deux jours.

Les conclusions absolues qu'on doit tirer de ces dispositions sont : que les Compagnies doivent avoir le matériel nécessaire pour répondre à tous les besoins et pour faire les expéditions de marchandises dans les conditions prescrites et la réserve que l'Administration a faite, ne peut que confirmer cette obligation.

Cette condition d'avoir tout le matériel nécessaire à tous les besoins de l'industrie, est la conséquence naturelle du nouvel état de choses.

Il n'existe plus de concurrence, on est en présence d'un monopole qui n'a aucune ligne rivale : Que serait-ce donc, s'il pouvait se soustraire à la nécessité absolue de satisfaire à tous les besoins : Le commerce et l'industrie seraient à sa merci ; il pourrait favoriser les uns et ruiner les autres.

Cependant, les Compagnies se sont souvent mises fort au-dessus de leurs obligations ; en cette partie de la question, comme en toutes choses, elles ont agi avec leur abitraire accoutumé.

§ XI.

De l'abaissssement des prix.

Il nous reste à examiner dans quelles conditions les tarifs peuvent être abaissés.

Les partisans des compagnies disent qu'on doit avant tout apprécier dans quelle mesure l'administration peut intervenir ; qu'elle n'a le droit de le faire que si les compagnies manquent aux conditions qui résultent du cahier des charges.

C'est précisément la situation dans laquelle les compagnies se sont placées d'une manière générale et particulière, comme nous l'avons déjà démontré, en méconnaissant les principes qui règlen le jeu des prix minima de l'échelle mobile, dont les conditions appartiennent au public aussi bien qu'aux compagnies.

Ainsi, les compagagnies prétendent qu'elles ont le droit absolu de s'en tenir aux prix maxima; que c'est là un forfait qu'elles auraient fait avec l'Etat pour 99 ans, et que lorsqu'elles jugent utile de consentir à des abaissements de prix, c'est avec la faculté d'en régler seules les conditions; c'est-à-dire qu'en cette question les principes de l'égalité et les règles imposées pour les prix maxima disparaissent pour faire place à l'arbitraire.

Voici comment s'exprime à ce sujet la compagnie de Lyon dans son rapport à la dernière assemblée de ses actionnaires :

« Les tarifs indiqués comme maxima dans les cahiers des char-
» ges, et *que nous serions en droit de percevoir*, varient entre
» 0,16 et 0,08 par tonne et par kilomètre, suivant la nature des
» marchandises, et descendent exceptionnellement au-dessous de
» 0,08. »

Cette erreur si profonde des compagnies sur leurs droits, et que nous avons combattue plus haut, § IV, a pénétré dans les conseils des ponts et chaussées; au comité des chemins de fer; elle a été adoptée par le conseil d'Etat et parfois par la justice quand elle a basé s es jugements sur les homologations ministérielles, sans en examiner la légalité; l'abus ne devait pas s'arrêter là.

Nous constaterons en effet dans ce chapitre, qu'à la suite des lois de 1859 et de 1863, les compagnies à l'aide de fictions fort ingénieuses mais qui ont détruit tout lien de droit, ont pu se rembourser sous le titre de dividende, de tout le capital-action qu'elles avaient engagé dans leurs entréprises.

Ce sont là des infractions aux règles particulièrs aux Compagnies, autant qu'aux principes qui régissent les sociétés anonymes et qui, notamment, ouvrent à l'Etat et au public le droit de provoquer directement les abaissements de prix réservés par le cahier des charges.

L'abaissement des tarifs est énergiquement réclamé par l'industrie, le commerce et l'agriculture comme l'élément essentiel de leur prospérité; mais comme jusqu'à présent, on est presque toujours resté sur le terrain des généralités et que les moyens de réalisation n'ont pas été formulés avec une précision et une netteté suffisantes, tout est demeuré soumis au bon plaisir des Compagnies.

Une opposition quelconque a un régime établi, luttant contre des abus et des priviléges consacrés par un long usage, née d'une vague hostilité. qui s'est recrutée de mécontents instinctifs, a le devoir de formuler son programme, afin surtout de ne laisser aucune équivoque sur les principes en forçant le pouvoir attaqué de s'expliquer et de se défendre sur des questions simples, claires, dégagées de toutes généralités.

Le point de toute tarification logique et équitable doit résultei de l'état des dépenses des Compagnies; il faut que le bénéfice par tonne kilométrique moyenne, multiplié par la masse totale des transports, donne un bénéfice total assez élevé pour payer d'abord toutes les dépenses générales; puis l'intérêt et l'amortissement des obligations, et enfin l'intérêt des actions, en en assurant le remboursement par un fonds de réserve.

De plus, les Compagnies *ont une autre obligation à remplir, qui tient à la nature du contrat; elles doivent agir en vue d'abaisser leurs prix le plus possible, et c'est l'étude de ces conditions qui va faire l'objet de ce chapitre.*

Le compte des dépenses des Compagnies est divisé en quatre sections principales : la 1re, comprenant les frais de l'administration centrale et des services généraux; la 2me, l'exploitation; la 3me, le matériel et la traction et la 4me, l'entretien et la surveillance.

Nous ne nous occuperons pas pour le moment de la question technique des trains, ni de leur composition, bien qu'ils doivent exercer une influence très-grande sur la constitution des prix; nous nous contenterons de faire remarquer que les Compagnies doivent faire tous les calculs nécessaires pour reconnaître quand ils sont rénumérateurs pour chacune des marchandises transportées, surtout quant aux matières premières, de façon à accroitre l'importance du rayon des débouchés pour la production et à leur offrir des tarifs, fussent-ils de un centime par tonne et par kilomètre, plutôt que d'en refuser le transport.

Sans entrer dans une discussion de détails pour reconnaître si les Compagnies ont agi dans les conditions les plus économiques, nous nous bornerons à étudier au point de vue légal, les comptes qu'elles rendent annuellement à leurs actionnaires.

Tous ces comptes ont à peu de choses près, les mêmes bases et nous n'hésitons pas à choisir comme type, celui que la compagnie

Paris-Lyon-Méditerranée a rendu à ses actionnaires en 1870, pour l'exercice de 1869.

Le capital de cette Compagnie représenté par 800,000 actions est de. . . . . 345,437,458 fr.

Les obligations émises jusqu'alors sont de. 2,032,383,855

Les subventions par l'État, en argent seulement. . . . 102,744,631   2,106,303,517

Celles fournies par les communes, à. 1,175,030

TOTAL. 2,481,812,916

Ce serait un fait inouï qu'une Société anonyme qui ne compromet absolument rien en dehors de son capital-action, ait pu emprunter pour six fois la valeur de ce capital, si on ne devait reconnaître une fois de plus à ce fait, le caractère d'institution d'ordre public que revêtent les Compagnies et qui seul a fait ouvrir les bourses du public, avec tant de profusion : aussi l'État de son côté, n'a-t-il pas hésité à donner à ces emprunts, sa garantie personnelle dans des conditions très-larges.

Nous allons cependant voir ce capital, relativement très-faible, agir avec le mépris le plus profond, des règles imposées à sa constitution et comme s'il n'avait à rendre compte de ses actes qu'à lui seul.

Le chiffre de la recette brute, porté au compte que nous analysons, a été de. 209,288,423

Les dépenses ont été :

1° Frais d'administration centrale et frais de services généraux de. 5,040,503

2° Frais d'exploitation. . 30,328,251   73,306,624

3° Matériel et traction. . 29,067,872

4° Entretièn et surveillance 8,879,996

Ce qui a laissé un excédant sur la recette de 135,981,799

Cette somme a reçu les déductions suivantes :

1° Pour dépenses de réfec-
tion. . . . .   3,758,769 ⎫
2° Pour le capital de deux   ⎪
lignes secondaires de 102 ki-   ⎪
lomètres, des aménagements   ⎪
et du matériel, et pour les   ⎬   86,706,206
charges de l'ancien réseau   ⎪
augmentées en 1869, des in-   ⎪
térêts et de l'amortissement.. 75,031,691,080 ⎪
3° Enfin, pour insuffisance   ⎪
de produit de 325 kilomètres.   8,317,437 ⎭

De sorte qu'il est resté net.   48,874,437
A quoi on a ajouté pour deux articles expliqués.   490,939

Le total des bénéfices nets a donc été porté à.   49,305,378

*Sur quoi on a prélevé pour être distribué
aux actionnaires, à raison de 60 fr. par action,
sur 800,000 actions, la somme de.*   48,000,000

Et on a laissé à reporter sur l'exercice de 1870.   1,365,378

*A l'assemblée générale, les actionnaires, après avoir approuvé
cette distribution à leur profit, ont autorisé l'émission de
600,000 nouvelles obligations remboursables à raison de
500 fr. l'une, pour faire face aux dépenses de l'exercice de 1870.*

Le compte ne renferme du reste aucune explication de détails
sur l'importante application des 75,031,691,000 fr., de sorte qu'il
nous est impossible d'en apprécier l'utilité, le droit et la nécessité,
bien que nous supposions qu'il y a là des critiques très-sérieuses à
faire.

Nous ne présenterons donc aucune observation à cet égard, pas
plus que sur les articles qui constituent le chiffre des dépenses,
montant à 73,306,624 fr.

*Mais nous retenons ce fait incroyable, inouï, d'un capital
endetté, subventionné, obligé d'emprunter et qui se distribue
une somme de 48 millions, soit plus du 5ᵐᵉ de la recette brute,
ou le 7ᵐᵉ du capital lui-même, alors qu'il n'existait plus, si
comme nous en sommes assurés, cette opération avait déjà été
pratiquée précédemment, sept fois seulement.*

Nous devons observer que ce n'est pas pour nous attaquer plus spécialement à la compagnie de Paris-Lyon-Méditerranée que nous avons pris son compte de l'exercice de 1869 ; toutes les autres Compagnies ont absolument les mêmes procédés ; nous n'avons voulu par là que nous dispenser de trop longues analyses.

Nous avons fait ressortir que, dans leurs rapports avec l'État qui représente la généralité des citoyens, les Compagnies doivent être considérées comme faisant partie des services publics, mais à l'égard des tiers, elles ont conservé le caractère de Sociétés anonymes.

C'est à ce double titre que nous allons apprécier les faits :

Aujourd'hu , leur capital est représenté,

1° Par la jouissance pour un temps déterminé, des lignes ferrées

2° Par les objets mobiliers, tels que le matériel roulant, les matériaux, combustibles et approvisionnements de tout genres, l'outillage des ateliers et des gares.

Cette dernière partie de l'actif pourra être reprise par l'état à l'expiration de la concession, sur l'estimation qui en sera faite, à dire d'experts.

Quant au passif des Compagnies, il se compose :

1° Des sommes empruntées au public à 3, 4 et 5 0/0, sous le titre obligations, arrivées au chiffre considérable de près de huit milliards dont l'armortissement n'a pas été réglé d'une manière uniforme.

2° Des droits de l'Etat sur les recettes à partir de 1870.

3° Et enfin, d'un capital-actions de un milliard cinq cents millions, somme bien faible comparativement au passif engagé.

La Société anonyme telle que l'a faite le code de C., agrégation de capitaux, est l'instrument des grandes entreprises commerciales et industrielles ; elle ne comporte pas d'engagements solidaires entre les associés ; elle n'entraîne pas même d'obligation personnelle pour les administrateurs : les actionnaires qui constituent les Sociétés, ne sont donc passibles que de la perte de leurs actions ; ils peuvent disposer de leur patrimoine, tant qu'ils respectent les conditions essentielles de leurs statuts, en ce qui intéresse l'ordre public et les tiers.

Celà veut dire d'un autre côté, *que dans ces sortes de sociétés, c'est un principe fondamental, sacré, que le fond social doit être appliqué à l'extinction des dettes sociales.*

Qui voudrait se fier à la solvabilité des sociétés anonymes s'il passait en règle, qu'une folle présomption des forces de la Société autorise les actionnaires à se partager le plus clair de son actif et qu'en y substituant d'autres valeurs, elles sont à l'abri de toutes répétitions.

A quels dangers ne seraient pas exposés les tiers, si les actionnaires pouvaient sans péril pour eux, substituer aux calculs rigoureux de ce principe, des illusions intéressées.

Il est de plus, d'usage dans les Sociétés bien administrées, de ne pas distribuer chaque année tous les gains recueillis ; une partie est mise de côté pour parer aux cas imprévus.

Cependant, malgré ces principes qui tiennent à l'ordre général, à la morale publique, autant qu'à l'intérêt privé, il est arrivé que toutes les Compagnies, par des dividendes auxquels elles n'avaient pas droit, ont éteint avant tout, le montant de leurs actions en capital et intérêts.

Ce sont les actionnaires qui, dans les Sociétés anonymes, ordonnent en assemblée générale la répartition des bénéfices : les délibérations de ces assemblées ne peuvent donc pas justifier la distribution de bénéfices qui ne sont pas sérieusement acquis, car ces actionnaires sont toujours disposés à s'exagérer les succès de l'entreprise dans laquelle ils sont engagés et ce n'est pas en présence de dividendes a recevoir que l'incrédulité commence.

Les assemblées générales, toutes puissantes quand elles se rattachent à l'exécution des statuts, ou quand elles ont pour objet des faits qui, bien que non prévus par la convention, ont une relation nécessaire avec l'exploitation de ses affaires sociales, sont impuissantes quand elles vont au-delà et surtout quand elles agissent de manière à se désintéresser et à compromettre le sort de leurs créanciers.

Si nous voulions d'ailleurs creuser les faits, nous montrerions que ces assemblées n'ont jamais été composées avec sincérité, ni mises à même de discuter en connaissance de cause, aucuns des rapports qui leurs sont présentés.

Ainsi, sur ce point, les administrateurs des Compagnies ne

peuvent se défendre, en prétendant qu'ils n'ont fait qu'obéir aux vœux de ces assemblées.

Mais, objecteront-ils avec plus d'autorité, que les dividendes qui ont été attribués, étaient sérieusement acquis.

La réponse à une telle objection est dans les faits eux-mêmes, et la loi n'est pas impuissante pour les condamner.

Les faits que disent-ils? Que les Compagnies, ont entrepris avec un capital insuffisant des travaux immenses; que l'Etat est devenu en quelque sorte leur associé, en livrant des terrains, en exécutant à ses frais des travaux d'art et de terrassements; en lui consentant des subventions espèces qui dépassent leur capital; enfin que le public entraîné par le gouvernement a fourni sous le titre obligation, près de huit milliards.

Un dividende de près du septième du capital-action, ne peut pas dans de telles circonstances et quand on continue à émettre de nouvelles obligations, être le résultat d'opération sérieusement représentées.

Il a fallu recourir à des écritures habilement combinées.

En effet, pour arriver à ces résultats, les Compagnies ont dû remplacer les principes par des fictions et voici comment.

Après la loi de 1842 qui a mis à la charge de l'Etat, l'achat des terrains, l'exécution des travaux d'art, des plates-formes etc., sont survenues les lois de 1850, de 1863, et de 1868 qui ont formulé le système des garantis d'intérêt, des subventions et du partage des bénéfices dans un temps déterminé.

Les Compagnies pour la conclusion de ce système, ont divisé leur exploitation en réseau ancien et en réseau nouveau.

On a réglé la part de revenus qui serait afférente à l'ancien réseau, en déversant le surplus sur le nouveau, avec condition qu'au delà d'un certain chiffre, l'excédant libre serait partagé avec l'Etat pour le rembourser de ses ses avances et garanties.

Comme on le voit, cette division avait pour but d'arrêter les conditions du partage des revenus entre l'Etat et les Compagnies, mais elle ne pouvait établir en fait le mépris des principes imposés à toute société anonyme.

Par suite des opérations de fusion, de dédoublement et autres que l'on connaît, toutes les actions des Compagnies, soit anciennes soit nouvelles, ont pris le même rang, le même chiffre et la conséquence naturelle a été qu'elle sont devenues la garantie indivisible au même titre de toutes les entreprises des Compagnies, soit du réseau ancien, soit du réseau nouveau, sans exception.

C'est cependant, en divisant par des écritures habilement formulées, les résultats de l'ancien et du nouveau réseau, que les Compagnies ont produit ce double résultat, que l'ancien réseau donnait un dividende si exagéré qu'il était du septième du capital engagé, tandis qu'on arrêtait un emprunt fort élevé pour l'exécution du second réseau.

De sorte que ce qui devait être le gage de toutes les entreprises, a été détourné pour rembourser le capital-action.

Tout ce qui est contraire aux principes du droit, est frappé de nullité et les délibérations des assemblées générales, encore une fois, ne peuvent pas plus légaliser ces infractions, que les fictions dans les écritures n'ont pu remplacer la réalité des faits.

Si les Compagnies ont violé la loi commerciale dans ses conditions substantielles, elles n'ont pas tenu compte davantage de ce qu'elles doivent à l'État et au public ; savoir : à l'État, de ne pas augmenter ses charges ; en tout cas de ne pas procéder à des distributions de dividendes exagérés ; au public, de diminuer les tarifs, par le jeu légal des prix stipulés au cahier des charges, au lieu de les surélever pour arriver à des résultats dont elles entendaient faire un emploi d'autant plus condamnable qu'il correspondait avec de nouveaux emprunts.

Tout ce que nous expliquons ici, est d'autant plus sérieux que l'exploitation des chemins de fer constitue non-seulement un revenu très-variable qui s'éteint avec le privilége d'année en année, mais que les Compagnies sont en outre soumises comme toutes les industries, à des chances différentes de prospérité ou de mécomptes.

Supposons par exemple, que des circonstances imprévues, qu'une guerre trop prolongée, viennent à tarir les ressources nécessaires pour alimenter leurs services; qu'elle sera l'issue de cet état de choses : La liquidation ou la faillite, si les Compagnies ne constituaient pas des services publics qu'il est impossible d'interrompre un seul instant, par cette raison que rien ne peut les remplacer.

L'État serait donc obligé de s'emparer à l'instant des chemins en déconfiture, en en discutant les conditions, car le cas n'est pas prévu au Cahier des charges et si le prix de cette reprise ne couvrait pas, comme c'est probable le passif existant, la raison politique lui conseillerait sans doute de tout payer, pour ne pas tromper la confiance de ceux qui n'ont fourni leurs capitaux, qu'entraînés par l'appui qu'il a donné lui-même aux Compagnies.

Mais supposons que toutes les Compagnies arrivent sans événement fâcheux au terme de leurs privilége ; qu'aucune mesure sérieuse n'ait été imposée aux Compagnies pour l'amortissement de leur passif et que le chiffre de la reprise soit insuffisant pour payer ce passif, les mêmes motifs conseilleront encore à l'État en cette circonstance, de prendre tout l'excédant à sa charge.

Ce sont là de pures hypothèses à la vérité, mais qui oserait soutenir qu'elles pourraient ne pas se réaliser dans le cours d'une période de privilége qui a encore quatre-vingt-cinq a parcourir.

L'État, les tiers et le public sont donc les seuls qui assument aujourd'hui en réalité sur eux, toutes les eventualités de l'exploitation de nos chemins de fer, car à l'heure qu'il est, les Compagnies sont remboursées de leur capital action, non pas avec des bénéfices sérieux, mais en scindant et en divisant artificiellement leur écritures sur telle ou telle de leurs entreprises.

Les effets légaux d'un contrat ne peuvent exister sans les conditions auxquelles la loi les a soumis, car ce serait alors un effet sans cause.

La condition pour les Compagnies, était de maintenir leur capital-action aussi longtemps qu'elles ont des engagements et des dettes à remplir et à payer; quelque soient les voies qu'elles ont prises pour l'éteindre, le fait est là qui les condamne et aujourd'hui on peut soutenir qu'il n'y a plus pour elles de lien de droit.

Si dès l'origine, le caractère des Compagnies eût été bien défini, si on avait compris qu'avec le capital qu'elles engageaient elles ne pouvaient être en définitive que de simples agents des travaux publics, au lieu d'être ce qu'elles prétendent et ce qu'on a autorisé chez elles, les maîtresses absolues des destinés économiques du pays, la confusion ne se serait pas faite en toutes choses, à ce point qu'il n'existe dans aucun pays civilisé du monde, rien qui puisse leur être comparé.

Nous ne voulons pas cependant d'une conclusion radicale, nous allons essayer d'arriver à une solution pratique telle que les circonstances la commandent et qui après 25 ans du régime le plus absolu qui se puisse concevoir, donne enfin au public payant, les satisfactions qu'il est en droit d'exiger : dans ce but, nous désirons que la comptabilité de toutes les Compagnies soit faite dans les mêmes conditions et dans le même esprit.

Le total des actions des six grandes Compagnies est de 1,525,000,000, et les obligations émises à 3, 4 et 5 pour cent d'intérêt, s'élèvent à environ huit milliards en ce moment.

Les recettes générales des Compagnies doivent nécessairement subir les imputations suivantes, sans distinction entre l'ancien et le nouveau réseau, savoir :

1° Les frais généraux d'exploitation de toute nature ;

2° Les intérêts des obligations ;

3° Les intérêts du capital action à 5 pour cent ;

4° Enfin, un amortissement régulier du capital obligation qui ne soit pas au-dessus de la moitié du chiffre annuel divisé en 85 annuités, terme que le monopole a encore à parcourir, et cela afin de faciliter à la fois le remboursement de ce capital et le jeu le plus grand possible de l'échelle mobile des prix maxima et minima des tarifs.

La comptabilité que nous indiquons donnera satisfaction à tous les intérêts engagés ; rien n'empêchera d'ailleurs que les Compagnies ne fassent des comptes distincts de leurs dépenses et de leurs recettes en réseau ancien et réseau nouveau, afin d'avoir un état exact de ces opérations différentes l'une de l'autre, mais il est contraire à tous les principes, que par des artifices d'écriture, elles arrivent à se soustraire à la loi et aux prescriptions de leur monopole.

Toutes leurs actions, répétons-le, grâce aux opérations de fu-

— 44 —

sion, de dédoublement que l'on connaît, sont au même titre, au
même rang ; toutes sont parconséquent la garantie du nouveau
comme de l'ancien réseau ; s'il en était autrement, elles n'auraient
compromis pour le nouveau réseau que les subventions de l'Etat et
le Crédit public ; c'est ce que la loi n'admet pas, et les Compagnies
en s'attribuant des dividendes en même temps qu'elles décrétaient
des émissions nouvelles d'obligation, se partageaient en fait l'argent qu'elles empruntaient sous cette forme obligation.

Dans notre système, nous cherchons une réparation équitable à
tant d'abus.

*Nous plaçons toutes les obligations dans une condition égale,
afin qu'à l'expiration du privilége, elles soient toutes amorties,
tant par les faits annuels d'imputation, que par le capital de
reprise du matériel.*

Nous espérons que l'état, pour favoriser le mouvement que
nous sollicitons, n'hésitera pas à renoncer à la clause qui lui donne
une part dans les revenus ; mais d'un autre côté, il ne fournira
que les subventions absolument nécessaires à l'exécution des travaux pour lesquels elles ont été constituées, à moins qu'il ne pré-
fère autoriser l'émission de nouvelles obligations pour remplir le
même but.

En Angleterre le pays de la concurrence et de la liberté, on est
très satisfait quand les capitaux engagés dans les chemins de fer
rapportent de 2 à 3 0/0.

En France nous sommes moins positifs ; aussi, dans nos calculs
nous avons concédé un intérêt de 5 0/0 au capital action ; et bien
que ce capital n'existe plus en réalité, il trouvera un second remboursement et sans doute avec bénéfices, dans la somme que repré-
sentera la reprise du matériel à l'expiration du privilége, ainsi que
dans le fonds de réserve ; il n'est pas un porteur sérieux d'actions
qui ne trouve ici plus de sécurité pour l'avenir, qu'il n'y en a dans
ce qui s'est pratiqué jusqu'à présent.

De son côté, le public doit enfin recevoir une satisfaction complète en ce qui touche l'abaissement des tarifs dans les conditions les plus larges et nous demandons que les prix actuels soient abaissés de toute la somme que la comptabilité que nous avons indiquée plus haut, laissera libre : toutes les dépenses payées. Cette conclusion du reste n'est que l'exécution de la convention à minima réservée par le cahier des charges et aujourd'hui, en l'état des choses tel que les faits nous l'indiquent, c'est de plus une réparation.

A quelque parti économique qu'on appartienne, s'il est une vérité généralement admise, c'est que le bon marché des voies de transports, multiplie les transactions et accroît la prospérité commerciale, industrielle et agricole du pays. Les compagnies réaliseront alors sérieusement ce que depuis longtemps, on était en droit d'attendre d'elles.

Les réductions que nous demandons ne devront pas toutefois être appliquées d'une manière uniforme.

Le transport des matières premières, telles que les minerais, les houilles, les cokes, les pierres, les marnes, de plus les fontes, les fumiers et engrais de toutes sortes, devront profiter des réductions dans des proportions exceptionnelles, de manière à ce que pour les parcours les plus éloignés, il n'en coûte pas plus d'un centime et que dans tous les cas le prix le plus élevé soit de 2 à 2 centimes 1/2 au plus.

Les houilles étrangères qui entrent en France représentent une valeur intrinsèque de f. 73 millions.

Si nous n'avions consommé que notre propre houille, on eût donné ces 73 millions aux ouvriers français dont ils eussent augmenté l'aisance, en même temps que nos richesses s'en fussent accrues.

En France, les gîts de minerais de fer et de bassins houillers sont abondants, mais forts éloignés des grands centres de consommation : en les ouvrant partout, c'est résoudre une question à la fois économique et politique.

Abaisser les tarifs de transports de la houille comme des minerais, c'est modifier d'ailleurs au point de vue industriel, la carte de la France dans le sens le plus favorable à une production énergique et abondante.

Nous interrogeons tous les faits qui se rattachent à cette grande question des transports pour chercher à connaître quelles sont les objections que les compagnies pourront opposer à notre système d'abaissement des prix.

Diront-elles que les prix actuels représentent déjà une moyenne de six centimes et quart, tandis que chez nos voisins cette moyenne est de huit centimes, ou que les actions ne doivent pas être calculées d'après le taux d'émission, mais aux prix que les jeux de Bourse lui donnent.

Sans examiner si cette assertion est vraie, quand au prix moyen de nos voisins, nous ferons remarquer que ne partageant pas leur parcours comme chez nous, en grande et en petite vitesse, aucune comparaison sérieuse ne peut avoir lieu.

La grande vitesse produit pour les marchandises sur nos lignes, environ le 7° de la recette brute, à raison de 0,40 par tonne et par kilomètre ; si l'on veut avoir une moyenne exacte, il faut donc réunir les deux produits, mais on n'aura plus alors pour moyenne 0,06 25 et encore la moyenne dans la composition de laquelle les matières encombrantes entrent pour la plus grande partie, n'aura pas l'importance qu'on veut lui donner ; au fond il importe peu de savoir qu'elle est cette moyenne ; ce que le public a le droit d'exiger, c'est que les prix soient abaissés dans les limites les plus basses possibles.

En un mot, les abaissements de tarifs sont loin d'être généraux ; les prix sont restés fort élevés pour certaines marchandises, qui intéressent au plus haut point la prospérité de nos grandes villes, notamment de Marseille et du Hâvre.

L'objection quant au prix des actions, serait une légalisation indirecte donnée à ces distributions de dividendes non acquis et qui seules ont produit ces prix exagérés de Bourse.

Il n'est dû aux actionnaires que les sommes réellement déboursées à l'origine et les intérêts de ces sommes.

Supposons en effet qu'à la liquidation générale, ces actions aient diminué de moitié du chiffre versé, prendrait-on ce taux comme le type de remboursement.

En aucune façon, pas plus qu'on ne doit prendre ceux surélevés par l'agiotage ; personne n'a pu s'y tromper, et ignorer qu'en fin de compte, les actions n'ont pas d'autre valeur que la valeur d'émission.

Nous comprenons qu'à côté des joueurs de Bourse pour lesquels il n'y a aucune raison militante à opposer, se trouvent les personnes qui ont compromis tout ou partie de leur fortune, en vue de se constituer de gros revenus.

Sans doute qu'on trouvera une combinaison de nature à leur donner quelque satisfaction, s'il y a lieu, mais sans légaliser par là cependant les opérations de Bourse qui n'ont rien de sérieux à faire dans la grave question des transports.

§ 12.

De l'unité des Prix.

Ce que nous entendons par l'unité des prix, ne veut pas dire un prix unique pour tous les objets livrées aux transports.

Ce que nous voulons et ce que le commerce et l'industrie réclament de toutes les parties de la France, avec le plus d'insistance, c'est que les Compagnies soient tenues d'appliquer sur toutes leurs lignes les mêmes prix à toutes les marchandises similaires.

Cette grande amélioration aura le double but de procurer aux Compagnies elles-mêmes de très-grandes économies, et au public de de faciliter tous ses calculs.

Il faut reconnaître que toutes les lignes des chemins de fer ne sont pas dans les mêmes conditions; il y a des différences résultant des frais de construction, des rampes, des courbes et d'autres circonstances.

Les administrateurs et directeurs qui ont accompli de si grandes choses, et beaucoup d'entre elles contre le public, arriveront à coup sûr quand ils le voudront, à un système de compensation qui permettra de réaliser cette utile et importante réforme.

CONCLUSION

Les limites que nous nous sommes proposées, ne nous ont pas permis d'entrer dans les discussions et dans les détails infinis que comporte l'immense question dont nous nous occupons. Notre but d'ailleurs, après avoir établi les règles sur lesquelles reposent les Compagnies de chemin de fer, a été d'étudier et de rechercher les moyens logiques et pratiques d'abaisser les prix de transports, tout en signalant les moyens de réprimer les nombreux abus auxquels le mépris des principes a donné lieu de la part des Compagnies ; cependant nous pensons qu'il est utile de nous résumer par quelques considérations générales.

Il eût été plus en rapport avec les véritabies théories économiques, que le réseau des chemins de fer sortit tout entier, soit de l'initiative et des ressources de la liberté, soit de l'action complète de l'Etat.

On a préféré des moyens mixtes qui ont jeté le trouble et l'indécision sur toutes les questions.

En fait, des hommes dont les uns avaient rempli des positions élevées dans l'Etat, dont les autres appartenaient de près ou de loin aux idées spéculatives d'alors, constituèrent des Sociétés anonymes pour exécuter les chemins de fer dont ils avaient obtenu les concessions et dont le rayon s'étendit successivement suivant les besoins.

L'Etat, par des considérations que nous n'avons pas à discuter ici, entrat si largement dans la voie des sacrifices au profit des Compagnies qu'on doit regretter qu'il n'ait pas exécuté par lui-même toutes les lignes, sauf à en donner à ferme l'exploitation ; il ne lui en eût pas coûté davantage, et on n'eût surtout pas abandonné la jouissance de la route.

Après avoir été exonérées en partie de leurs engagements primitifs qui n'étaient nullement en rapport avec leur capital, après que l'État a eu exécuté à ses frais les travaux de terrassements et d'art de la plupart de nos lignes, tout en fournissant de larges subventions en argent, les Compagnies sont arrivées à émettre, en partie sous la garantie de l'Etat, des obligations pour un chiffre qui a dépassé cinq à six fois leur capital.

En presence de ces sacrifices considérables de la part de l'Etat et qui n'ont peut être pas toujours servi l'intérêt pour lequel ils étaient consentis et du concours si large donné par le pays, il est assez curieux d'examiner de quelle manière les administrateurs de ces grandes Compagnies arrivent à prouver que le Trésor et le public auraient seuls gagné à toutes ces combinaisons.

L'Etat, disent-ils, demeure nu-propriétaire des voies-ferrées dont les concessionnaires n'ont que l'usufruit pendant une période déterminée; il s'est réservé la faculté de racheter les concessions et les Compagnies, en définitive lui laisseront un capital élevé par leurs soins à passé 9 milliards.

En résumé, les Compagnies n'auraient qu'un rôle, celui d'une grande régie qui exécute un service public, à ses *risques, périls et profils*, sous la surveillance permanente de l'Etat.

Puis, ils résument complaisamment l'économie que les chemins de fer ont procuré directement ou indirectement pour le transport des voyageurs et des marchandises; les développements au plus haut degré de l'industrie elle-même par la circulation, ia vie, le commerce et les richesses amenés là ou les branches du travail n'existaient pas auparavant.

A ces profits que suivant leurs dires, les Compagnies auraient procurées au public, ils ajoutent les bénéfices que l'Etat lui-même a retirés : en première ligne, ils placent l'impôt du 10° qui grève les voyageurs et les marchandises dont ils font ressortir le chiffre à passé 26 millions, tandis que par les anciennes voies de transports, cet impôt n'aurait été en 1832 que de 10 millions à peine.

Puis, le service des postes qui se fait gratuitement et qu'ils estiment à passé 20 millions : enfin, le transport des militaires à des prix réduits et des voitures cellulaires gratuitement.

Bref, ils évaluent tous ces avantages à près de 90 millions par an.

Chiffre énorme et qui malheureusement est bien loin d'être justifié.

Les routes, les quais, les ports, les ponts et beaucoup d'autres objets d'utilité publique sont livrés au public qui en a payé l'entretien, sans autre loyer.

C'était donc le fait le plus exhorbitant, c'était une violation directe de notre droit public, que d'abandonner à des Compagnies, le péage des chemins de fer.

La stipulation de reprise de ces chemins, après une jouissance de 99 ans, ne faisait que consacrer le principe que nous énonçons.

Mais cette reprise aura-t-elle pour effet, de remettre à l'Etat une valeur de passé 9 milliards, crée par les Compagnies et à leur risque? en aucune manière.

La jouissance du fond pendant 99 ans aura plus que compensé la faible part que les Compagnies ont fournie dans la construction des chemins, si déjà elles ne s'en étaient remboursées, tandis que si l'on veut au contraire capitaliser avec les intérêts, la participation de l'Etat, on arrivera à un chiffre fabuleux.

Restent le matériel et les objets divers d'exploitation, en partie usés, dont l'Etat fera cependant la reprise en en payant la valeur d'estimation.

Ainsi, quelque soit la valeur du chemin de fer à l'expiration du privilége, cette valeur ne sera en aucune façon du fait des Compagnies qui, n'y ayant plus rien de compromis, comme nous l'avons expliqué plus haut, auront retiré de grands intérêts, de grands avantages et qui y gagneront encore par la cession de leur matériel d'exploitation.

Mais ce qui doit surprendre davantage, c'est de voir que pour se défendre, les Compagnies puissent se prévaloir des heureuses révolutions que l'établissement des chemin de fer, ont apportées dans nos relations économiques, industrielles et commerciales. N'est-ce pas là un effet indépendant de leur volonté et que doivent donner les chemins de fer ? ont elles donc eu l'initiative de cette merveille des temps modernes; n'ont-elles pas eu, au contraire pour se guider, l'expérience des chemins de fer exécutés longtemps avant en Angleterre et aux Etats-Unis.

Nous sommes si éloignés d'ailleurs, de contester ces heureux résultats procurés à la fortune publique par les chemins de fer, que notre but le plus ardent est d'en développer l'application et d'entraîner les Compagnies à ne pas leur faire obstacles par les moyens que nous avons suffisamment développés.

Reste la question des avantages réels procurés à l'Etat : commençons par écarter le premier article, celui qui concerne l'impôt sur les voyageurs et sur les marchandises.

Il semble que nous n'avons rien de sérieux à traiter quand nous nous voyons en présence d'une pareille prétention.

L'impôt est ancien ; il remonte à l'an VI ; il existait lors de la création des chemins de fer, et il est incontestable que dans les prix maxima du tarif général fixés par le cahier des charges, on a compris cet impôt.

Les agens des anciens modes de transports n'en agissaient pas autrement et leurs prix comprenaient toujours le montant de l'impôt.

Mais ce n'est pas ainsi que les Compagnies l'ont entendu.

Non-seulement, elles n'ont pas diminué les prix du tarif général, ni pour les voyageurs, ni pour les marchandises ; mais elles les ont au contraire augmentés de la valeur de l'impôt.

Ainsi, elles se font un mérite de ce qu'elles font payer au public en violation du cahier des charges.

Le transport des lettres n'a pas la valeur que les Compagnies lui donnent : L'Etat fournit les wagons poste, et comme le poids n'en est relativement que très-faible, c'est bien plus un embarras dans les trains qu'une dépense sérieuse.

Les prix de transports des militaires représentent à peu près ceux des trains de plaisir. S'ils ne donnent pas de bénéfices, il est certain du moins qu'ils n'occasionnent aucuns frais qui ne soient compensés par la recette.

C'est ainsi que tout ce grand bruit d'avantages considérables s'évanouit au plus simple examen.

Jetons à présent un coup d'œil rapide sur les agissements que les administrateurs et directeurs du capital-action, ont développés dans leur gestion.

Nous nous écarterions de notre but, si nous voulions expliquer toutes les opérations qui ont été exécutées, soit avec le gouvernement, soit avec le public, nous nous bornerons à quelques faits :

La première série des actions du Nord, qui avait été émise à 500, fr. a été libérée à 400 fr.

Les anciennes actions de Paris à Orléans, ont reçu huit titres nouveaux, contre cinq anciens.

Les actions de Paris-Lyon ont été fusionnées à raison de trois nouvelles, contre deux anciennes ; enfin, les actions de Lyon à la Méditerrannée ont été simplement dédoublées.

Quant au Midi, arrivé plus tard dans la lice, il a fini, malgré les promesses contraires que le Gouvernement avait données, par obtenir la concession du canal latéral à son parcours ; on a éteint par là, au grand préjudice du public, la concurrence que faisait ce canal à cette ligne.

Ces diverses opérations, fort contestables à tous les points de vue où l'on se place, bien loin de ralentir les idées spéculatives, ont au contraire animé les jeux de la Bourse, et fourni des prétextes pour diviser les faits et les garanties du capital action, et enfin pour les faire disparaître tout-à-fait.

Les récriminations ont ici une grande raison d'être, car bien que les Compagnies fussent en voie de prospérité, voici leur bilan qu'on masquait par des dividendes qui n'étaient pas acquis et qu'on obtenait par des écritures sans sincérité.

D'après les documents financiers publiés par le Ministre des travaux publics, le capital-action des six grandes Compagnies est de 1,529,500;000 fr., et les subventions fournies directement par l'Etat ont été de 1,326,419,288 fr., auxquels il faut ajouter une somme de 80 millions environ consentie par les départements; de sorte que la part contributive de l'impôt au mouvement du capital-action, a été de 1,406,000,000 fr., argent, soit d'un chiffre égal à ce capital.

Ce n'est pas tout, après les subventions argent, viennent les garanties.

D'après ces mêmes documents, sur près de huit milliards d'obligation que le capital-action a émises successivement, l'Etat a garanti en capital 3,859,000,000, et en intérêt 184,188,250. fr.

N'allez pas croire que ce sont là des garanties purement morales ; depuis que les traités de 1859 et 1863 fonctionnent, il est pris chaque année au budget une trentaine de millions pour parfaire les engagements des Compagnies.

Et c'est cependant en présence de tels faits, qui n'ont rien de pareil dans aucun pays, dans aucune organisation de cette nature, que les chefs du système appellent à leur aide, « le respect des » contrats. » Quand on veut examiner de près la situation qu'il ont eu l'habileté de créer et de maintenir, en échappant à tout contrôle sérieux de leurs actes.

L'ordonnance de 1846 a prescrit que toutes propositions de tarifs que feraient les Compagnies fussent affichées pendant un mois, avant de pouvoir être homologuées et mises à exécution.

C'était consacrer le droit légitime et naturel pour le public, qui a fait si largement les frais de leur entreprises, de contredire sur ces tarifs qui sont aussi sa propriété à raison de leur échelle mobile, et si les Compagnies avaient été moins préoccupées de constituer une autorité absolue et indépendante, et quelque peu soucieuses de la dignité et de l'intérêt du public, bien loin d'annuler dans la pratique ses droits, elles eussent au contraire livré de plus à son contrôle leurs comptes, leurs motifs, afin de le convaincre de leur bonne foi et de leur loyale et économique administration en toutes choses.

Le capital-action lui-même a été traité tout aussi légèrement ; on le réunit une fois par an, en assemblée générale, en le limitant à une sorte de cens, exigeant dix, vingt et jusqu'à quarante actions sur une tête, selon les statuts pour avoir droit d'entrée ; on lui donne lecture d'un compte très-en raccourci de l'exercice que lui rendent les administrateurs ; compte qui n'ayant pas été distribué à l'avance, n'a pu être étudié et n'est compris de personne, mais qu'une majorité docile, préparée par les moyens que l'on connaît, approuve toujours en présence d'un dividende qui va récompenser sa docilité.

Quant aux obligataires qui tiennent une très-large part dans la fortune mobilière de la France, et dont les intérêts sont si étroitement liés à la bonne gestion des Compagnies, ils n'ont voix nulle part et n'ont pas même l'apparence d'un contrôle quelconque.

Cependant ce colosse qu'animent seuls les administrateurs, directeurs des Compagnies, d'une habileté extrême, chacun le reconnaîtra volontiers, formé d'abus, d'arbitraire, d'excès et du mépris le plus profond des faits et des principes de son institution ; qui en un mot, forme un second pouvoir dans l'Etat lui-même, repose sur des pieds d'argile.

Une société, ainsi que nous l'avons déjà fait remarquer, n'existe qu'à la condition de compromettre un capital déterminé ; le jour ou cette condition disparait, tout lien de droit cesse du même coup.

Nous tenons pour certain que les six grandes Compagnies, en dehors des intérêts légaux de leur capital-action se sont remboursées de ce capital lui-même, par des dividendes qui ne sont justifiés d'aucune manière, et que condamnent au contraire d'une façon absolue tous les principes sur la matière.

Où est donc aujourd'hui leur raison d'être, puisqu'elles n'ont plus en l'état aucune compromission d'intérêt quelconque et jusqu'à quand le pays supportera-t-il leur régime arbitraire, quand désormais l'état et le public sont seuls compromis dans leur gestion ? Endormira-t-on encore le pays par des enquêtes qui ne font que produire une grande agitation sans aucun résultat : les faits ne dominent-ils pas suffisamment la question pour arriver à de justes réparations ?

Si l'on veut eviter des discussions plus vives et leurs conséquences qui dépasseraient à coup sûr le but auquel le commerce et l'industric se réduisent, nous formulerons ses demandes dans les termes suivants :

« Que les Compagnies se renferment rigoureusement dans les
» prescriptions posées par le cahier des charges et par l'ordonnance
» de 1846; qu'elles cessent de prétendre qu'à elles seules, appar-
» tient le droit d'apprécier la nécessité des abaissements de prix a
» minima et qu'elles peuvent introduire deux règles et deux manières
» dans l'application des tarifs qui ne doivent être qu'à base kilomé-
» trique et à base différentielle, pour les matières premières telles
» notamment que les houilles, les cooks, les minerais, les pierres,
» les marnes, les fontes, les engrais et autres matières encombrantes.

» Qu'elles ne puissent introduire aucune condition de poids, de
» non garantie pour avaries, aucune exception quelconque au profit
» de telle ou telle gare de la ligne parcourue; que les prix soient
» uniformes sur toutes les lignes d'un même réseau pour toutes les
» marchandises de même nature et pour toutes les gares.

» Qu'elles rétablissent entre-elles l'unité des séries et dans les
» tarifs communs, autant que possible, l'unité des prix et qu'elle re-
» noncent à user de la faculté de diminuer les prix, en allongeant
» les délais règlementaires; que ces délais soient mieux raisonnés
» surtout pour les transports à courte distance.

» Qu'elles fassent disparaitre les anomalies contraires à l'équité
» que les tarifs en grande vitesse renferment pour les petits colis;
» que pour les échantillons des voyageurs de commerce, il soit ac-
» cordé un poids de 50 kilogr. à chacun d'eux.

» Que les principes de l'égalité des prix et des conditions soient
» en un mot appliqués avec la sévérité la plus rigoureuse, sans
» qu'on puisse les faire fléchir devant des raisons plus ou moins
» spécieuses; que les Compagnies cherchent les moyens de réaliser
» entr'elles l'unité de prix pour tous les objets similaires et que
» pour cette question d'unité, il soit formé devant M. le Ministre
» des travaux publics une commission qui s'occupera activement
» de rechercher les moyens d'application.

» Et comme les changements trop fréquents dans les tarifs ne peu-
» vent que nuire sérieusement aux affaires, qu'elles ne puissent, à
» moins de circonstance motivées, apporter aucun changement qu'à
» l'expiration de chaque année, après en avoir donné connaissance
» au public par des avis insérés dans un journal spécial, deux mois
» à l'avance et que l'homologation ministérielle ne puisse être donnée

» qu'aprés une instruction contradictoire dans laquelle le commerce,
» l'industrie et l'agriculture seront représentés par le syndicat.

» *L'abaissement des prix devant être le but que les Compa-*
» *gnies ne doivent cesser de poursuivre, nous demandons que*
» *les Compagnies cherchent le moyen de réaliser de grandes*
» *économies dans leurs frais généraux, ainsi que dans les*
» *autres frais, afin d'appliquer dans les conditions les plus*
» *larges le système développé au § XI pour l'abaissement des*
» *prix, et que pour établir leur sincérité en ces choses, elles*
» *soient tenues de fournir un syndicat tous les ans, et deux mois*
» *avant la réunion de leurs actionnaires en assemblée générale,*
» *le compte détaillé de leurs recettes et de leurs dépenses.*

» Le syndicat sera admis à prendre dans leurs bureaux, com-
» munication de tous les documents qu'il jugera nécessaire de
» consulter pour s'éclairer sur tous les faits de manière à être en
» mesure par là de fournir toutes les critiques utiles.

» Et qu'enfin, ces comptes soient discutés par une commission
» composée d'un administrateur pris dans chacune des Compa-
» gnies; d'un nombre égal, de membres du conseil de direction du
» syndicat et de membre étrangers désignés par M. le Ministre
» des travaux publics. »

Ces légitimes satisfactions qui consacreront enfin les droits du
public, feront disparaître tout caractère d'hostilité et les Compagnies
ne pourront que gagner au point de vue commercial, industriel et
agricole par les utiles observations qu'elles retireront des discusions
qui se produiront devant ces commissions.

On pourra aussi prendre des moyens d'arbitrage pour régler
amiablement tous les petits différents qui ne tiendront pas à des
questions de principe : ce qui permettra aux Compagnies de diminuer leur frais de contentieux qui sont très-considérables.

De plus, les Compagnies cesseront de redouter les concurrences
que pourront leur faire la navigation et les nouvelles lignes dont
on concédera l'exécution, et si, comme nous l'espérons, l'Etat
renonce à un partage de bénéfices, elles n'auront plus de raison
de prétendre que c'est dans son intérêt qu'elles ne veulent pas de
concurrence, par ce motif, que si elle atteint les grandes artères,
elles ne contribueraient plus à parfaire les 4 0/0 garantis pour le second réseau, par la loi de 1859, et que si elle atteint au contraire le second réseau, ce sera au détriment des grandes Compagnies et de l'Etat.

La lutte que nous soutenons n'est pas nouvelle; elle n'est pas le résultat des événements qui troublent en ce moment si profondément notre pays dans tous ses intérêts; bien que stérile jusqu'à présent pour le public, cette lutte remonte pour ainsi dire à l'origine des Compagnies.

Nous nous sommes appliqués avant tout, à établir le caractère des Compagnies, et leurs agissements, car il ne serait pas juste d'acheter une réduction dans les prix, et l'application sincère des principes et des conditions sur la matière, en faisant tort à des intérêts fondés sur le droit et la justice.

Sous l'empire des faits, il s'est établi entre l'Etat, le public, les tiers prêteurs et les Compagnies, des rapports qui ne sont pas uniquement fondés sur des considérations pécuniaires au profit de ces dernières; il faut bien que ces Compagnies s'habituent à voir dans la forme de leur institution, autre chose qu'une spéculation commerciale et qu'elles cessent de crier au respect des contrats, quand toute leur administration n'a été que la violation la plus arbitraire de tous les principes et de toutes les règles, ajoutons de plus, de la dignité du pays.

Aujourd'hui les Compagnies auront peut-être encore à recourir à l'État, car par la distribution de dividendes qui n'étaient pas acquis, elles ont non seulement méconnu la loi et les conditions de leur cahier des charges, mais elles se sont privées d'un fonds de réserve que la plus simple prévoyance leur conseillait de constituer très-largement.

Les chefs qui se sont inféodés le cœur et l'esprit des Compagnies, trop faibles pour rien exécuter avec leur propre forces, et assez forts pour dominer par l'abus le plus excessif, tous les intérêts du pays verront si, en présence des faits, il n'y a pas plus de péril dans une résistance obstinée, que dans des concessions qui ne sont que l'expression du droit, et que nous avons accompagnées de toutes les précautions que la prudence peut conseiller.

Sous notre régime actuel, les saines doctrines doivent enfin triompher des idées d'absolutisme et d'agiotage qui n'ont que trop longtemps affecté le pays, et l'élevant à son véritable niveau, l'amener à l'exercice le plus étendu de ses facultés; l'Etat ne nous fera pas défaut en ces graves circonstances.

CLERMONT-FERRAND, TYPOGRAPHIE ARMAND, PERRET, RUE DE LA TREILLE, 14.